KB155695

마음으로 하는
발레 공부

〈 일러두기 〉

독자의 이해를 돕기 위하여 다음의 부호를 사용하였다.

1. () : 우리말을 한자어, 혹은 영어로 표기할 경우
2. [ ] : 주어진 단어의 뜻(의미)을 설명할 경우
3. " " : 인용문을 표기할 경우
4. ' ' : 강조할 경우
5. 「 」 : 저서명을 표기할 경우

※ 우리말을 먼저 기입하고, 괄호 안에 영어를 기입하려 하였으나, 부득이한 경우, 특히 라반 움직임 분석 용어일 경우에는 원어가 지닌 전문성과 포괄성이 잘못 이해되는 것이 염려스러워, 영어로 기입하고 [ ]를 사용하여 우리말로 의미를 전달하고자 하였다.

마음으로 하는
발레 공부

김경희 지음

성균관대학교
출판부

머리말

내 몸에서 무슨 일이 일어나고 있었던 것이었을까?

2012년 12월 초에, 나는 그 지긋지긋한 통증을 더 이상 견딜 수 없어 "(우측)인공 고관절 전치환술"이란 끔찍한 수술을 받게 되었다.

그리고는 거의 1년 동안 절뚝거렸다.

Can you imagine teaching Ballet with a limp?

참담한 시간을 보내며 몸에 대한 공부를 하던 중, 연구년 기간 동안에 뉴욕에서 Martha Eddy 선생님을 만나 '소매틱(Somatics)'의 세계로 안내되었다.

그런데, 나는 1987년 Texas Woman's University의 박사과정에 들어가면서, 이미 Somatics의 세계로 발을 디디고 있었다는 것을 뒤늦게 알게 되었다.

지도교수님이신 Dr. Penelope Hanstein으로부터 'Labanotation'과 'Laban Movement Analysis'를 교과과정에서 배우게 되었으며, 박사학위를 받고 난 후, 나는 Labanotation의 교사 자격증과 움직임 분석가(Certified Movement Analysit) 자격증을 취득하였고, 이러한 과정을 기반으로 Martha Eddy의 Body Mind Dancing™ 프로그램을 수료하여, 드디어 ISMETA(International Somatic Movement Education/Therapy Association) 등록 RSME/T (Registered Somatic Movement Educator/Therapist)가 되었으며, 이후 RSDE(Registered Somatic Dance Educator)로 인정받게 되었다.

여러 소매틱 움직임 프로그램들을 체험하면서, 나는 공통된 움직임 원리를 정리하였으며,"B–R–A–C–E–D"란 원리를 학술지에 발표하였다.

'BRACED'는 영어 사전적 의미로는 "넘어지지 않도록 대비된(준비된)"이지만, "다치지 않도록 고안된"으로 확대해석하였다. 즉, 호흡을 잘하여(Breathe), 긴장을 풀고(Relax), 몸의 정렬을 맞추어(Align), 잘 연결시키고(Connect), 잘 될 것이라고 믿으며 (Expect), 춤을 춘다(Dance)면, 건강한 움직임으로 건강한 삶을 영위할 수 있는 것이다. 나는 'BRACED' 원리를 발레 교수법에 적용시켜, 그간 공부하고 경험했던 모든 자료들을 정리하였다.

기교 만능주의 시대에 나는 매우 원초적인 이야기를 하고 있는 것은 아닌가? 라는 생각이 매 순간 들었지만, 우리는 신체 원리에 따라 기본으로 돌아갈 수밖에 없다는 확신으로 글 쓰는 작업을 계속하였다.

"Go back to the Basics."

통증을 망각하라고 강요당하는 Ballet Class!

경쟁심을 불러일으키고 1등과 2등, 승자와 패자를 결정하라고 강요당하는 Ballet Class!

나는 이러한 '비극'이 더 이상 되풀이되지 않기를 간절히 바라는 마음으로, 절박한 성찰의 의식으로 이 글을 써 내려갔다.

이렇게 해서라도 예전에 잘못 가르쳤던 옛 제자들에 대한 미안한 마음을 조금이나마 덜어낼 수 있다는 생각으로 최선을 다하였다.

다른 발레 관련 서적과는 달리 많은 부분의 동양적 사고가 포함되었다. 동양의 몸과 서양의 몸은 다르지 않기 때문이다. 괴테는 이렇게 말하였다.

"East and West can no longer be kept apart."

특히, 대부분의 발레 하는 사람들은 의식이 편협되어 있다는 생각이 든다. 물론, 그들 중 대표적 인물이 "나"였다는 사실은 부정할 수 없기에 이렇게 감히 말할 수 있다.

동양의 철학은 이제 더 이상 신비스럽거나, 주술시 여겨지는 사유의 대상이 아니고, 우리가 반드시 알아야 하는 인식(認識)의 대상인 것이다.

우리는 인식의 대상을 확장시켜 나가야 한다.

옛날 것이든, 최근 것이든, 서양 것이든, 동양 것이든 말이다.

이렇게 해야 좀 더 바람직한 발레 교육이 되지 않을까? 라는 생각이다.

토마스 마이어스(Thomas Myers)는 "한 사람으로부터 아이디어를 도용하는 것은 표절이며, 10명의 사람으로부터 도용하는 것은 학문이며, 100명으로부터의 도용은 독창적인 연구"라 하였는데, 그동안 나에게 가르침을 주셨던 여러 선생님들, 그리고 중요한 경험을 쌓게 해주었던 수많은 학생들, 그들 모두가 이 같은 연구를 할 수 있게끔 이끌어 준 나의 스승이다.

귀가 유순해져 "물 흐르듯이 순응하며 잘 따른다"는 '이순(耳順)'이 넘어서인가?

유순해진 '귀'에 마음챙김(Mindfulness), 몸챙김(Bodyfulness)으로 글을 써 내려갔다.

사유(思惟)하는 몸으로 움직임을 공부하는 많은 사람들과 공유하고 싶다.

나에게 '노력'이란 재능을 허락해주신, 지금은 하늘나라에서 나를 지켜보고 계실 부모님께 이 책을 바친다.

During these challenging times,

2020년 12월,

in the room with an Elephant,

김경희 씀.

감사의 글

우선, 출판까지의 긴 여정을 함께한 제자, 김수혜에게 진심으로 감사의 마음을 전한다. 타이프 작업은 물론, 일러스트레이션 작업까지 하면서 지나칠 정도로 꼼꼼한 나의 요구사항에도 언제나 환한 표정으로 나를 덜 미안하게 해주었다.

독자들의 이해를 돕기 위해 많은 사진들이 포함되었다. 사진이나 이미지 사용을 허락해주신 많은 분들께 감사의 마음을 전한다:

Autere, A.(저자), Raphaëlle Zemella(일러스트레이터), PA: Dorrance Publishing Co. Inc.; Cohen, B.(저자), Michael Ridge(일러스트레이터), MA: Contact Editions; Dowd, I.(저자, 일러스트레이터), NY:G&H SOHO. Inc.; Myers, T.(저자), (일러스트레이터) Elsevier Health Sciences; 허경무(저자), 서울:국선도 강해; ⓒDr. Joe Muscolino, art by Giovanni Rimasti, learnmuscles.com; Sondra Fraleigh, www.eastwestsomatics.com; commons. wikimedia.org; www.pixabay.com; www.pngegg.com

특히, 이미지 사용 허락은 물론, 애정어린 관심과 지지를 보내준 애너머리 (Annemari)에게 깊은 감사의 마음을 보낸다.

국립발레단 주역 무용수인 박슬기의 (백조의 호수) 공연 사진 사용을 허락해준 국립발레단에 감사의 마음을 전하며, 내가 원하는 사진 두 장을 꼭 집어 골라준 제자, 오유선의 노고에 감사의 마음을 전한다.

이 책이 출간되기까지 묵묵히 지켜보면서 지지를 아끼지 않았던 무용학과의 전은자 교수, 김나이 교수께 감사의 마음을 전한다. 특히, 성균관대학교출판부 선생님들께 감사의 마음을 전하며, 이 모든 연구를 가능케 해주었던 30년 이상 몸담은 "성균관대학교"와 우리 학생들에게 심심한 감사의 말씀을 드린다.

Contents

I

Breathe

1. '호흡'의 개념화

"… how breath is conceptualized and trained."[1]

'개념(槪念)'이라 함은 "여러 관념(觀念) 속에서 공통된 요소를 추상하여 종합한 하나의 관념"이다. 즉, 공통된 대부분의 생각을 말한다. 그렇다면, 인체의 움직임을 연구하는 학자들의 호흡에 대한 관념들은 어떠한지 살펴보고자 한다.

우선, 소매틱 움직임 역사에 있어 지대한 영향을 끼친 선구자들 중, 엄가드 바티니에프(Irmgard Bartenieff)의 관념을 살펴보면, 그녀는 자신이 제시한 움직임의 9가지 원칙에서 '호흡 지지(Breath Support)'를 제일 처음으로 강조하고 있으며, 인간의 '발달모형(Developmental Patterning)'에서는 '호흡(Breath)'을 첫 번째 유형으로 꼽고 있다.[2]

그녀가 강조하는 '호흡 지지'란 동작을 용이하게 하고, 동작과의 의사소통을 가능하게 하는 호흡의 자각(awareness)을 의미하는데, 이는 호흡이 '생명의 힘(life force)'이기 때문이다. 호흡은 무의식적으로도 할 수 있다는 점에서 매우 독특하다. 우리가 호흡을 자유의지대로 했을 때, 호흡의 지지를 받아, 움직임을 변화시킬 수 있는 힘이 생겨나 정신과 신체, 즉 인간의 내면과 외면을 연결하여 움직이는 '나' 자신과 움직임과의 조화를 이룰 수 있게 된다.

● ● ●

1 McAllister-Viel, T. (2009, September). (Re)considering the Role of Breath in Training Actors' Voices: Insights from Dahnjeon Breathing and the Phenomena of Breath. *Theatre Topics*, 19(2), p. 165.

2 김경희. (2006). **바티니에프 기본원리**. 서울: 눈빛, p. 32.

인간은 태어나면서부터, 아니 그 이전에 엄마 배 속에서부터 호흡한다. 이에 대해 바니 코헨(Bonnie B. Cohen)은 척추가 생겨나기 이전의 유형(Pre-vertebrate Pattern)에서 일어나는 세포 호흡(Cellular Breathing)에 대해 다음과 같이 기술하고 있다.

> "세포 호흡이란 신체 각각의 모든 조직 세포에서 일어나는 호흡 움직임에서의 수축과 이완 과정을 말하며, 이는 인체 모든 움직임 유형의 기저를 이룬다."[3]

이러한 조직 세포 호흡은 생명을 보전, 유지하는 전 과정의 기본 틀을 이루고 있으며, 이를 '내부 호흡'이라 한다. 반면, '외부 호흡'은 일명 '폐 호흡'이라고 하며, 외부 환경과의 관계를 유지시켜 준다. '폐 호흡'이란 '폐포'라는 작은 주머니를 통하여 산소와 이산화탄소를 교환하고, 모세혈관과의 접촉을 통해 혈류로 산소를 공급하고, 영양분을 제공받아 몸 전체 세포에 영양분을 공급하고, 다시 세포와의 접촉을 통해 폐기물을 몸 바깥으로 방출하게 된다. 이러한 모든 과정은 호흡에 의해 연결되며, 특히 폐 호흡을 담당하는 횡격막(Diaphragm)은 장요근(Iliopsoas)과 허리 네모근(Quadratus Lumborum)과의 끊임없는 상호 작용을 통하여 우리 신체의 장기(臟器)와도 연결되어 있으며, 이는 우리의 감정조절에도 깊게 관여한다.

• • •

3 Cohen, B. (2012). *Sensing, Feeling, and Action: The Experiential Anatomy of Body-Mind Centering®.* Northampton, MA: Contact Editions, p. 5.

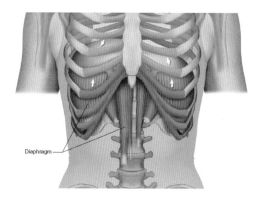

Diaphragm

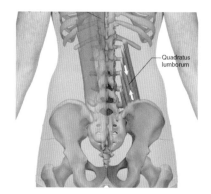

Quadratus Lumborum

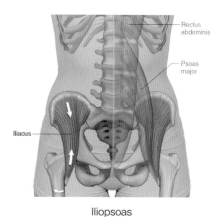

Iliopsoas

'폐 호흡'에 관여하는 근육들 [4]

둥근 지붕 모양으로 생긴 횡격막(Diaphragm)은 앞쪽으로는 복장뼈 하단 검상돌기 (Xiphoid Process) 후면에서부터, 양 옆구리 쪽으로는 6번째에서 12번째 갈비뼈 안쪽 면에 닿아 있으며, 뒤쪽으로는 12번째 흉추(T12)와 1, 2, 3번째 요추(L1, L2, L3)와 연결되어 있다.

• • •

4 Diaphragm, Quadratus Lumborum, Iliopsoas. ©Dr. Joe Muscolino, art by Giovanni Rimasti. 검색일 2020년 10월 21일, https://learnmuscles.com/glossary/diaphragm/

장요근(Iliopsoas)은 12번째 흉추(T12)와 1~5번째 요추(L1-L5)에서 시작하는 근육으로 횡격막의 뒷부분과 부착 부위가 인접해 있기 때문에 호흡과 밀접하게 관계한다.

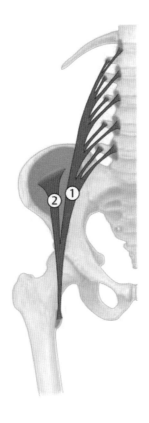

Iliopsoas(장요근) [5]

• • •

5   Iliopsoas. 검색일 2020년 3월 7일, https://commons.wikimedia.org/wiki/File: Iliopsoas.png

허리 네모근(Quadratus Lumborum)은 골반 후면에서부터 시작하여 1~5번째 요추 (L1-L5)와 12번째 갈비뼈까지 연결되어 있어 횡격막의 뒷부분과 매우 인접해 있기 때문에, 이 근육 역시 호흡에 깊이 관여한다.

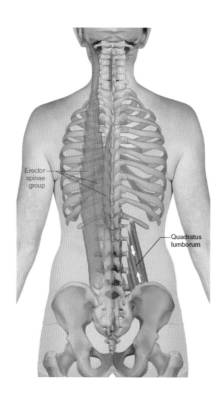

Quadratus Lumborum(허리 네모근) [6]

숨을 들이쉬면 들어오는 공기의 압력으로 횡격막이 수축하여 내려가면서, 흉곽이 바깥으로 약간 벌어지게 된다. 숨을 내쉬게 되면 횡격막이 이완되어 위로 올라가게 되면서 흉곽은 중심 쪽으로 좁혀지게 된다.

• • •

6 Quadratus Lumborum. ⒸDr. Joe Muscolino. art by Giovanni Rimasti. 검색일 2020년 3월 7일, www. learnmuscles.com

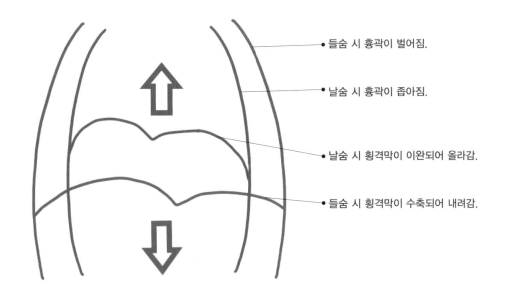

들숨, 날숨 시 흉곽과 횡격막의 움직임 [7]

횡격막의 움직임은 생존을 위한 호흡의 자율적 움직임이지만, 의도적으로 조절이 가능하다. 그렇기 때문에 호흡을 의식과 무의식의 연결, 혹은 몸과 마음의 중요한 연결 고리라 한다.[8] 이렇게 의식적인 호흡이 가능하기 때문에, 이에 대해 페기 해크니(Peggy Hackney)는 "호흡의 의식적 함양(conscious cultivation of breath)"은 개인과 우주와의 조화로운 영적 연결을 위해 다른 많은 문화권에서 인정되고 있으며, 이는 '타이치(Taichi)' 와 '좌선(坐禪)'에서 명백하게 드러난다고 기술하고 있다.[9] 또한 요가에서와 마찬가지로 신체적 혹은 정신적 자각을 위해 호흡의 의식적 함양을 한다고 강조하고 있으며, 자신의 호흡에 귀 기울이는 접근법(Tune-In To Your Breath)과 호흡을 찾아가는

• • •

7   Hartley, L. (1995). *Wisdom of the Body Moving: An Introduction to Body-Mind Centering.* Berkeley, CA: North Atlantic Books, p. 163.

8   앞글, p. 163.

9   Hackney, P. (2002). *Making Connections: Total Body Integration through Bartenieff Fundamentals.* New York, NY: Routledge, p. 52.

'움직임 탐색(Movement Exploration)'을 제안하고 있다. 이러한 탐색전을 통해 자신의 호흡이 균형과 안정을 찾게 되면 더욱더 자유롭게 움직이기 위해, 마치 파도 타듯이 자신의 호흡을 타라고('riding' your breath like a wave) 제안한다. 이는 무의식 움직임과 연관되어 있으며, "자신의 호흡 흐름에 '승(乘)'하라는" 일본 '갓츠겐 운도'의 교수법과 닮아 있다.[10]

파도 타듯이 호흡의 흐름을 타다.

발레 무용수들이 숨을 들이쉬고 내쉬는 과정에 있어, 에너머리 어티어(Annemari Autere)는 "숨을 들이쉬는 것에 대해서는 절대 신경 쓰지 말라"[11]고 한다. 왜냐하면 그것은 대자연(Mother Nature)이 알아서 해준다는 것이다. 우리가 신경 써서 해야 할 일은 오직 숨을 내쉬는 일이다. 아이린 다우드(Irene Dowd)는 숨을 충분히 내쉬는 것 자체가 우리 신체의 목과 어깨, 그리고 등 쪽을 편안하게 해주는 가장 좋은 방법이라 강조한다.

• • •

10 Noguchi, H. (1984). *Order, Spontaneity and the Body*. Tokyo: Zensei Publishing Company, p. 90.

11 Autere, A. (2013). *The Feeling Balletbody*. Pittsburgh, PA: Dorrance Publishing Co. Inc, p. 77.

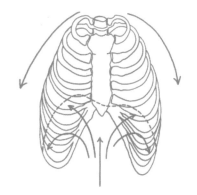

숨을 내쉴 때,
흉곽은 우산 접히듯이
중심축(central axis)으로 좁혀지고,
횡격막은 이완되어 위로 올라간다.

숨을 내쉴 때[12]

이렇게 숨을 충분히 내쉬는 것에 집중하게 되면, 횡격막이 갈비뼈 안에서 한없이 올라간다는 느낌을 갖게 되는데, 이것이 발레 수업에서 강조하는 풀업(pull-up)이 아닌가? 라는 생각이 든다. 그래, 맞다! 풀업(pull-up)을 하라는 지시는 상체를 들어 올리라는 것이 아니라, 숨을 충분히 내쉬면서 횡격막을 '위로 끌어 올려라(pull-up)'라는 의미였던 것이다. 이때 무용수는 자신의 몸을 가장 길게 사용할 수 있게 되며, 가장 편안하고 자연스럽게 춤을 출 수 있게 된다.

어티어(A. Autere)는 '배꼽과 치골 사이'에 태양광선이 있다고 생각하고, 숨을 내쉬며 배를 납작하게 만들면서 그 광선이 모든 방향을 비추게 해보라고 하며, 이때 우리는 얼마나 몸의 지지를 받게 되는지, 또 얼마나 척추가 길어지는지를 느껴보고, 골반기저(pelvic floor)가 얼마나 깊게 관여하게 되는지를 느껴보라고 한다. 아마도, 숨을 내쉴 때 단지 배꼽만을 안으로 집어넣을 때와는 다를 것이다!

• • • •

12 Dowd, I. (2016). *Taking Root to Fly*. New York, NY: G&H SOHO. Inc, p. 15.

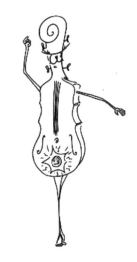

Ballet technique breathing

발레 호흡[13]

어티어(A. Autere)가 언급하고 있는 "배꼽과 치골 사이"가 어디인가? 그 위치가 바로 하단전(下丹田)이 아닌가!!!

• • •

13 Autere, A. (2013). p. 76. Illustration by Raphaëlle Zemella.

참고문헌

김경희. (2006). **바티니에프 기본원리**. 서울: 눈빛.

Autere, A. (2013). *The Feeling Balletbody*. Pittsburgh, PA: Dorrance Publishing Co. Inc.

Cohen, B. (2012). *Sensing, Feeling, and Action: The Experiential Anatomy of Body-Mind Centering®*. Northampton, MA: Contact Editions.

Diaphragm, Quadratus Lumborum, Iliopsoas. ©Dr. Joe Muscolino, art by Giovanni Rimasti. 검색일 2020년 10월 21일, https://learnmuscles.com/glossary/diaphragm/

Dowd, I. (2016). *Taking Root to Fly*. New York, NY: G&H SOHO. Inc.

Hackney, P. (2002). *Making Connections: Total Body Integration through Bartenieff Fundamentals*. New York, NY: Routledge.

Hartley, L. (1995). *Wisdom of the Body Moving: An Introduction to Body-Mind Centering*. Berkeley, CA: North Atlantic Books.

Iliopsoas. 검색일 2020년 3월 7일, https://commons.wikimedia.org/ wiki/File: Iliopsoas.png

McAllister–Viel, T. (2009, September). (Re)considering the Role of Breath in Training Actors' Voices: Insights from Dahnjeon Breathing and the Phenomena of Breath. *Theatre Topics*, 19(2), 165–180.

Noguchi, H. (1984). *Order, Spontaneity and the Body*. Tokyo: Zensei Publishing Company.

Quadratus Lumborum. ©Dr. Joe Muscolino, art by Giovanni Rimasti. 검색일 2020년 3월 7일, www. learnmuscles.com

2. '단전호흡'의 인식과 수용

"하단전(下丹田)은 우리 몸 위치의 중심이며 무게의 중심이고

마음의 중심이며 음양합일(陰陽合一)의 자리입니다."[1]

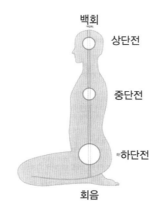

삼단전의 위치[2]

인체에는 세 개의 단전(丹田)이 있다. '단전'이라 함은 '붉은 밭'을 의미하는데, 이는 에너지의 원천으로, 그 위치에 따라 상단전, 중단전, 하단전으로 구분된다. 단전의 정확한 위치는 어느 하나의 점이나 혈(穴) 자리도 아니며, 또한 해부 생리학적으로도

• • •

1   허경무. (2000). **국선도 강해**. 서울: 밝문화연구소, p. 53.
2   앞글, p. 54.

존재하는 장부도 아니며, 그저 마음으로 느껴지는 '그 부위'인 것이다.

호흡 수련에서의 '단전호흡'이란 '하단전'에서의 호흡을 의미하는데, 하단전 위치에 대해서는 여러 가지 주장이 있다.

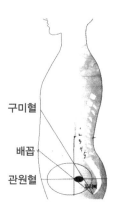

하단전의 위치[3]

한국의 전통 심신수련법인 국선도에서는 위의 사진에서 보듯이, 하단전은 천골 (엉치뼈; sacrum)에서 배 쪽으로 약간 앞부위에 위치해 있으며, 또한 전면에서 보면, 하단전의 위치는 배꼽에서 약 9cm 정도 아랫부분에서 천골 쪽으로 약 2/3 정도 뒤로 향한 지점에 위치한다고 보고 있다. 따라서 하단전은 일반적인 생각보다는 약간 뒤쪽에 위치함을 알 수 있는데, 이는 우리 신체의 무게 중심(Center of Gravity)과 일치한다고 볼 수 있다. 우리 몸의 무게 중심은 해부학적으로 두 번째 천골(엉치뼈; sacrum)에서 약 1~1.5인치 앞쪽에 위치하는데, 이곳이 우리 몸의 중심이자 마음의 중심이며, 다시 말해, '하단전'이라 판단된다.

• • •

3   허경무. (2000). p. 57.

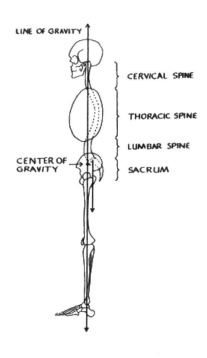

우리 몸의 무게 중심 [4]

　　'하단전'이란 마음 본연의 자리로, 마음이 자리 잡는 곳이 마음의 중심이며, 마음의 중심이 우리 몸의 무게 중심(Center of Gravity)인 것이다. 따라서, 단전호흡이란 두 번째와 세 번째 요추 사이의 명문혈(命門穴)에 코가 있다고 생각하고, 그곳으로 기운이 들어와 하단전에서 기(氣)를 축적하고 다시 명문으로 기운이 나가는 것을 의식하면서 호흡하는 것이다. [5] 여기에서 '명문(命門)'이란 '생명의 문(Gate of Life)'으로 즉, '호흡의 문'을 의미한다. 이렇게 이미지화된 호흡이 단전호흡의 기초가 된다.

• • •

4　Dowd, I. (2016). *Taking Root to Fly*. New York, NY: G&H SOHO. Inc, p. 20.
5　이승헌. (1998). **단학: 나와 민족과 인류를 살리는 길**. 서울: 한문화, p. 121.

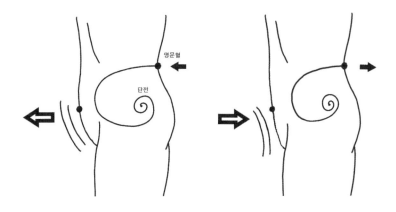

명문호흡

우리가 움직일 때, 무게 중심으로 에너지가 집중되는 것은 지극히 당연한 일이며, 이는 호흡으로 가능해진다. 무게 중심에 의식을 집중하여 호흡하게 되면 하단전 주변 부위에 기운이 모이면서 혈류의 속도가 빨라지며 열감을 느끼게 되는데, 이때의 하단전 부위를 '태양 광선' 혹은 '태양의 열기'로 이미지화하여 몸의 기운을 축적해 그 기운을 운행한다면, 더욱더 안정성 있는 움직임이 가능해진다.

우리의 인생을 "호흡의 여정"이라 했다. 아가들은 태어나면서부터 아랫배를 불룩거리며 호흡을 한다. 그러다가 어른이 되면서 생각이 많아짐에 따라 호흡은 가슴으로, 그리고는 노년이 되면 어깨를 들썩거리며 거칠게 숨을 쉬고, 마침내는 턱까지 숨이 차오르게 되어 결국에는 생을 마감하게 된다.[6] 그렇기 때문에, 노화를 늦추고, 건강한 삶을 유지하기 위해서라도 우리는 의식적으로 호흡을 아래로 끌어내려야 한다.

• • •

6 허경무. (2000). p. 185.

영국의 유명한 드라마 스쿨인 'Royal Academy of Dramatic Art(RADA)'의 마스터 트레이너였던 미하엘 맥칼리온(Michael McCallion)은 "갓난아기는 자신의 몸을 잘 사용한다…, 왜냐하면, 갓난아기는 아직 어떻게 호흡해야 하는지를 배운 적이 없기 때문에 그렇게 사용하게끔 고안된 대로 자신의 몸을 사용하고 있다."라고 하였으며, 그 외의 다른 연기 지도자들 역시 아기들의 자연스러운 호흡에 주목하였다.[7]

해크니(P. Hackney)는 우리들의 움직임에 있어서 약하거나, 혹은 발육이 불완전한 근거를 짚어보기 위해서 초기 발달과정 유형의 움직임을 해봐야 한다고 강조하면서, 바티니에프(I. Bartenieff)가 특별히 무용 수업에서 "무용을 배우기 위해서는 발달과정에서의 원초적 유형들을 습득해야 한다."고 하셨던 말씀을 거듭 강조하며, 불행히도 많은 무용수나 뛰어난 운동선수들조차도 초기 발달과정에서의 움직임 습득이 불완전한 경우가 있다고 지적하였다.[8]

유명한 인류학자인 마가렛 미드(Margaret Mead)는 펠든크라이스 (Moshe Feldenkrais)에게 "인도네시아 발리 섬의 남자들이 춤도 잘 추고, 다른 방면에서는 몸의 조화도 잘 이루는데, 왜 한발로 깡충 뛰는 동작이 안 되는지 모르겠다"고 질문을 하였는데, 이에 대해 펠든크라이스는 "그것은 아마도 인도네시아 발리 섬 남자들의 아기 시절에 기어 다니는 과정이 생략된 것 같애"라고 대답하였다 한다. 발리 사람들은 그들의 아기를 첫 이유식 기간의 약 7개월 동안에는 절대 바닥에 내려놓질 않는다고 한다. 그렇기 때문에, 아기 때에 기어 다니면서 몸으로 체득해야 하는 움직임이 뇌에 인지되어 있지 않기 때문에, 성인이 되어서도 발달 단계에서 빠뜨린 부분과 그와 연관된 움직임은 하기 어려운 것이다.[9] 따라서, 인간은 태어나서 성인이 될 때까지 여러

● ● ●

7   McAllister-Viel, T. (2009, September). (Re)considering the Role of Breath in Training Actors' Voices: Insights from Dahnjeon Breathing and the Phenomena of Breath. *Theatre Topics*, 19(2), p. 168.

8   Hackney, P. (2002). *Making Connections: Total Body Integration through Bartenieff Fundamentals*. New York, NY: Routledge, pp. 19-20.

9   Myers, T. (2001). **근막경선 해부학(3판) 자세 분석 및 치료** (Cyriax 정형의학연구회 외, 역). 서울: 엘스비어코리아. (2014), p. 294.

단계의 발달과정 유형의 움직임을 빠짐없이 거쳐 가는 것이 매우 중요하다. 만약, 성인이 되어서 신체적인 문제뿐 아니라 정신적인 문제가 생겼을 경우, 인간의 자연발생적으로 이루어지는 기본적 유형을 재습득함으로써 효율적인 신경 경로를 형성하게 된다면, 보다 안정되고 적합한 정신적, 신체적 지지를 받을 수 있게 된다.

특히, 고도로 숙련된 수행 기능을 요구하는 무용수나 운동선수들에게는 발달과정에서의 움직임을 재습득함으로써 그들의 운동 범위를 확장할 수 있게 될 뿐 아니라 창의성 및 표현능력을 증진할 수 있는 가능성을 높일 수 있게 된다.[10] 이 발달모형 중에서 가장 기본은 '호흡'이므로 아가들이 하는 호흡을 재습득할 필요가 있는 것이다. 물론 갓 태어난 아기들은 자연스럽게, 저절로 아랫배를 볼록거리며 호흡을 하지만, 성인은 하단전에 의식 혹은 의념을 집중하여 깊은 호흡을 해야 한다.

'의념 집중'이라 함은 '정신 집중'과는 약간 다른 의미로, 너무 신경을 쓰고 애를 써서 집중하는 것이 아니고, 편안하게, 그러나 '정성을 다해(mindfully)', '마음의 눈'으로 하단전을 바라보면서 호흡을 해야 함을 의미한다. 이러한 단전호흡이 신체적, 정신적으로 미치는 효과는 이미 여러 논문에서 발표되었다.

단전호흡을 하게 되면 횡격막의 상하 움직임 폭이 커지게 되어 숨을 들이쉴 때 흡입되는 공기의 양이 평소보다 3~6배 증가하게 되면서, 우리 몸 구석구석, 그리고 혈액에까지 산소 공급이 충분하게 되어 이에 따른 운동 효과가 크게 증대된다.[11] 그뿐만 아니라, 체내에 원활한 산소 공급으로 불필요한 체지방을 연소시키는 데 효과가 있으며, 몸속의 오래된 기운을 완전히 토해내는 심호흡으로 자율신경계의 기능이 활성화됨에 따라 몸의 항상성(homeostasis)이 유지되어 스트레스 호르몬 조절에 큰

• • •

10 김경희. (2006). **바티니에프 기본원리**. 서울: 눈빛, p. 31.

11 이광호, 이승범, 원영신. (2004). 국선도 단전호흡 수련의 운동 효과에 관한 연구(60세 이상 성인병이 있는 고령자를 대상으로). **한국체육학회**, 43(5), pp. 635-645.

도움을 주게 된다.[12] 또한, 정신적인 면에서도 집중력이 강화되며 자신의 마음작용을 관찰하는, 즉 자각에 몰입할 수 있는, 자신의 의식에 집중할 수 있는 능력을 키울 수 있게 된다.[13]

이처럼 '사유(思惟)하는 몸', 다시 말해 단전호흡을 수련함으로써 '마음으로 생각하는 몸'을 인식하게 되는데, 움직이는 몸과 생각하는 마음이 분리되지 않은 심신(心身)이 통합된 현상을 체험하게 된다. 배우의 발성법 훈련을 위한 '문화간(intercultural)/학제간(interdisciplinary)' 연구를 위해 한국에서 판소리를 연구한 런던대학(University of London)의 타라 맥알리스터-비엘(Tara McAllister-Viel) 교수는 단전호흡과 기(氣)의 통합을 서구 연기자들의 발성 연습에 포함시킴으로써 "학습자들은 소리를 내는 주체인 '나(I)'에서 타인과 조화를 이루며 일체감을 형성하는 '자신(the self)'으로 전환할 수 있다."고 하였으며, 도교의 수련 책인 '태을금화종지[太乙金華宗旨: The Secret of the Golden Flower(황금꽃의 비밀)]'에서의 다음과 같은 글을 인용하고 있다.

"마음이 움직이면, 氣가 움직인다, …, 氣는 호흡에 의해 움직이며, 마음의 움직임에 영향을 준다."[14]

● ● ●

12 김문희. (2007). 노인여성의 단전호흡 수련이 체지방, 체력 및 스트레스 호르몬 수준에 미치는 영향. **한국스포츠리서치**, 18(5), pp. 91-101.

13 이광호, 김창우. (2008). 국선도 조식법(調息法)의 무도교육적 가치와 의미. **대한무도학회**, 10(1), pp. 73-87.

14 McAllister-Viel, T. (2009, September). p. 174.

또한, 이러한 동양의 단전호흡법 활용으로 연기자(actor)는 '몰입(absorption)'과 '교감(communion)'을 하게 되어, "연기자 자신의 흔적이 지워진 상태에서(obliterated), 초자아를 하여 관객과의 일체감을 형성할 수 있게 된다."라고 하였다.[15] 이렇게 타라 맥알리스터−비엘은 동양의 단전호흡을 연기자들의 발성 연습에 활용함으로써 보다 창의적이며 유용한 방법들을 확장시킬 수 있는 가능성을 시사하고 있다.

김용옥(1990)이 "이두박근과 삼두박근의 굴신에 조선식, 왜식, 중식, 미식, 영식이 따로 있을 수가 없다."[16]고 언급하였듯이, 연기자의 발성에 있어서도 서양의 발성법과 동양의 발성법이 따로 있을 수 없다고 생각한다. 따라서 무용수의 호흡에서도 서양의 이론과 동양의 이론이 다를 수 있겠는가!

'단전호흡'은 이제 더 이상 동양의 신비스러운 호흡법이 아니고, 반드시 인식(認識)해야 할 호흡법이라 생각한다. 물론, 인식의 차이는 있을 수 있으나, 과거의 어떤 특정한 호흡법에 얽매이지 않고 동·서양의 모든 가능한 방법을 수용하여 활용할 수 있다면 현란한 기교로 관객을 감동시키고자 애썼던 발레 학습에서 관객과의 교감을 통해 감정으로 관객과의 일체감을 형성해나갈 수 있는 무용인을 양성하는 동서양의 통합적 발레 학습으로 전환시킬 수 있으리라 기대해 본다.

• • •

15 McAllister−Viel, T. (2009, September). p. 166.
16 김용옥. (1990). **태권도 철학의 구성원리**. 서울: 통나무, p. 96.

참고문헌

김경희. (2006). **바티니에프 기본원리**. 서울: 눈빛.

김문희. (2007). 노인여성의 단전호흡 수련이 체지방, 체력 및 스트레스 호르몬 수준에 미치는 영향. **한국스포츠리서치**, 18(5), 91-101.

김용옥. (1990). **태권도 철학의 구성원리**. 서울: 통나무.

이광호, 김창우. (2008). 국선도 조식법(調息法)의 무도교육적 가치와 의미. **대한무도학회**, 10(1), 73-87.

이광호, 이승범, 원영신. (2004). 국선도 단전호흡 수련의 운동 효과에 관한 연구(60세 이상 성인병이 있는 고령자를 대상으로). **한국체육학회**, 43(5), 635-645.

이승헌. (1998). **단학: 나와 민족과 인류를 살리는 길**. 서울: 한문화.

허경무. (2000). **국선도 강해**. 서울: 밝문화연구소.

Dowd, I. (2016). *Taking Root to Fly*. New York, NY: G&H SOHO. Inc.

Hackney, P. (2002). *Making Connections: Total Body Integration through Bartenieff Fundamentals*. New York, NY: Routledge.

McAllister-Viel, T. (2009, September). (Re)considering the Role of Breath in Training Actors' Voices: Insights from Dahnjeon Breathing and the Phenomena of Breath. *Theatre Topics*, 19(2), 165-180.

Myers, T. (2001). **근막경선 해부학(3판) 자세 분석 및 치료** (Cyriax 정형의학연구회 외, 역). 서울: 엘스비어코리아. (2014).

Relax

1. 안심(安心)하다.
2. 균형이　　저절로　　잡힌다.

1. 안심(安心)하다.

"호흡을 조정하면 몸과 마음은 편안하고 조화로운 상태가 된다."[1]

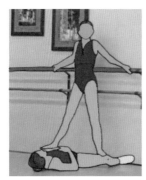 

과도하게 무리하는 모습

발레 기초반에서 가장 많이 듣게 되는 교사의 지침은 "00에 힘주고!"이다. 다리를 더 높이 들기 위해 몸의 어디엔가 힘줘야 했고, 더 높이, 더 멀리 뛰기 위해, 또 힘주고, 남보다 더 눈에 띄기 위해 또 힘주었다. "어느 한순간에도 몸에서 힘을 빼 본 기억이 없었다."라는 표현이 더 맞을 듯하다. 그래서인가? 어려서부터 근육통을 달고 살았다. 어느 유명한 발레리나 강00의 인터뷰 내용이 생각난다. 그녀는 연습 다음 날 아침에 일어나 몸이 안 아프면 "내가 어제 연습을 열심히 안 했나?"라는 생각이 들었다 한다. 나 역시, 그랬다. 심지어는 죄의식까지 들었으니 말이다!

• • •

1 여동빈. (1992). **太乙金華宗旨**. 서울: 여강출판사, p. 212.

그러다가, 상급반이 되어 듣게 되는 교사의 지침은 "몸에서 힘을 빼!"이다. 그런데, 오랜 기간 동안 긴장하고 힘주는 것만 배워왔던 학생들에게 갑자기 긴장을 풀고 힘을 빼고 동작을 수행하도록 지도하는 것은 그리 쉬운 일이 아니다. 아주 오래전에 미국에서, 현대무용 수업에서, 'Fall and Recovery'가 되지 않아 고생을 많이 한 기억이 난다. 'Fall and Recovery'는 도리스 험프리(Doris Humphrey)가 개발해 낸 테크닉으로 우리 몸의 움직임에는 떨어지면 다시 회복하려는 특성이 있기 때문에 우리의 무게중심이 잠시 떨어진다 하더라도 곧 안정성 있게 움직일 수 있다는 개념이다. 다시 말해 움직임을 회복하려면 완전히 잘 떨어져야 한다는 의미이다.

Fall and Recovery[2]

• • •

2 Fall and Recovery. 검색일 2020년 9월 11일, https://charlesweidman.wordpress.com/home-page-2/doris-charles/

어티어(A. Autere)는 이러한 'Fall(떨어지다)'의 비밀을 이해하기 위해서 반드시 'Relax'를 배워야 한다고 강조하고 있다.[3] 그렇다면, Relax는 어떻게 해야 하는가? 'Relax'의 의미는 "마음의 긴장을 풀고 안심하다."이다. 안심은 한문으로 '安心'이다. 즉, 걱정이 없이 마음을 편안히 갖는다는 뜻인데, 걱정도 많고, 생각도 많은데, 어떻게 편안한 마음을 가질 수 있겠는가? 가 관건이다. 우리는 이를 위해 동양의 심신 수련법을 생각하지 않을 수 없다. 우선, 전 세계적으로 가장 오래되고 널리 알려진 인도의 요가, 중국의 기공(氣功), 그리고 한국의 국선도에서는 명상(冥想, meditation)이 마음을 편안하게 하는 기본적인 수행법이다.

요가는 인도에서 발생한 힌두교의 종교적 영적 수행 방법의 하나로, 명상 자세는 요가의 시초가 되는 제의적인 운동의 형태이다. 이와 같은 자세를 일반적으로 요가 자세라고 하며, 이러한 자세에서 명상을 하고 마음의 안정을 찾고자 한다.

요가 명상 자세[4]

● ● ●

3 Autere, A. (2013). *The Feeling Balletbody*. Pittsburgh, PA: Dorrance Publishing Co. Inc. p. 38.
4 요가 명상자세. 검색일 2020년 9월 1일, https://commons.wikimedia.org/wiki/File:1_Sannyasi_in_yoga_meditation_on_the_Ganges,_Rishikesh_cropped.jpg

기공(氣功)은 "기(氣)에 공(功)을 들인다."는 뜻으로, 중국 전통의 자기 치유를 위한 심신 단련법이다. 명상을 통한 내적 기공법을 시작으로 마음을 비우는 수련을 함으로써 마음의 안정을 찾고자 한다.

국선도(國仙道)는 "우리 민족 고유의 전통적인 심신 수련법으로서 선조들의 지혜가 수천 년에 걸쳐 함축되어 온 우리 민족의 빛나는 문화유산"[5]이다. 국선도에서는 명상 수련 중에 의념(意念)의 집중을 강조하는데, 의념을 집중하여 '내관(內觀)'하게 되면 잡념은 없어지고 마음을 비우는 단계에 이르게 된다고 가르치고 있다. '의념 집중'이란 '정신 집중'과는 다소 차이가 있다. 일반 사람들에게 명상을 위해 '정신 집중'을 하라고 하면, 너무 애를 쓰고 집중을 하려고 하여 오히려 생각이 쉴 수가 없게 된다. 그렇기 때문에, '의념'을 집중하여 내 안의 마음을 바라보게 하여, 생각을 쉬게 함으로써 마음의 안정을 찾도록 도와준다.

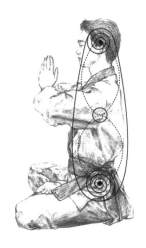

국선도 명상 자세 - 단법도 3[6]

• • •

5   허경무. (2000). **국선도 강해**. 서울: 밝문화연구소, p. 17.

6   앞글, p. 293.

이처럼 동양의 심신 수련법에서는 "생각을 쉬게 하라.", "마음을 비우라.", 혹은 '무위(無爲)' 즉, '억지로 힘들여 무언가를 하지 마라'를 가장 기본적인 첫걸음으로 제시하고 있다.[7] "생각을 쉬게 하라." 책 제목이기도 한 이 명제는, 저자인 시라토리 하루히코가 이 책에서 '붓다'의 잠언들을 전해준다. 불교에 조예가 깊은 이 저자는 생각을 쉬게 하여 마음을 편안히 가질 수 있는 조언을 넌지시 건네준다.

이렇게 생각을 쉬게 하면서, 마음을 비워 무심(無心)의 상태에 이르도록 하여, 저절로 그러한 대로 놔두고, 애써서 힘들여서 함이 없어야 한다. 즉, '무위(無爲)' 이어야 마음의 안정을 찾게 된다.[8] 무심(無心)이란 글자 그대로, 마음이 없는(no mind) 정신 상태를 말하는데, 중국 발음으로는 'wuxin'이다.

무심(無心)은 도교 사상가들이 심신 수양하여 도달하고자 하는 정신 상태이지만, 많은 예술가와 무술가들도 진정으로 자유스럽게 몸을 움직이기 위해 이 정신 상태에 도달하고자 수련한다는 점에 주목할 필요가 있다. 왜냐하면, 마음이 긴장하게 되면 절대 몸이 자유스럽지 못하기 때문이다.

무위(無爲)는 중국 발음으로 'wuwei'라 하며, 도교에서 가장 중요시되는 행동 원리로, 일체의 부자연스러운 행위, 인위적인 행위가 없음을 뜻한다. 따라서 글자 그대로 'non-doing', 혹은 'doing nothing'으로 해석되지만, 사실은 'effortless action', 혹은 'actionless action'의 의미로 명상을 통해 무심(無心) 상태가 되면 애써서 무엇을 하지 않아도 저절로 안정을 찾게 되어 자연스럽게 된다는 의미이다.

• • •

7 여동빈. (1992). p. 100.
8 앞글, p. 100.

무위(無爲)

그런데 무언가를 열심히 해야만 살아남을 수 있는 현대인들에게, 특히 발레 무용수들을 위해, 이렇게 해야 한다, 저렇게 해야 한다를 가르쳐야 하는 발레 교육자의 입장에서 "생각도 하지 마라.", "아무것도 억지로 하지 마라."를 어떻게 설득시켜 가르쳐야 하는가? 그것이 큰 과제이다.

연기자를 위한 발성법 연구자이며 지도자로 저명한 타라 맥알리스터–비엘(Tara McAllister-Viel)은 한국의 판소리, 하타 요가, 타이치 추안의 수련 방법을 채택하여 연기자의 발성법을 위한 학제 간 연구를 하고 있는데, 그녀는 한국에서 어느 대학의 방문 교수로 재직 중에, 화계사에서 선(禪) 명상(Zen Meditation)을 체험함으로써 '대상으로서의 몸(object-body)'과 '주체로서의 몸(subject-body)'이 일치된 하나의 '체험된 신체(lived body)'를 이해하게 되었다고 하면서, "명상이 연기자 지도법에 있어 또 다른 개념적 모델을 절충할 수 있는(to negotiate) 여지를 주었다.[9]"라고 언급하였다.

• • •

9 McAllister–Viel, T. (2009, September). (Re)considering the Role of Breath in Training Actors' Voices: Insights from Dahnjeon Breathing and the Phenomena of Breath. *Theatre Topics*, 19(2), p. 173.

영국에서는 정부 방침에 따라 정신 건강을 위해 370여 개의 학교에서 '명상 (Meditation)'과 '마음 챙김(Mindfulness)' 수업을 진행하고 있다고 한다. 자신의 감정을 적절하게 표현하기 어려운 어린 학생들의 전반적인 정신 건강을 증진시키기 위하여 새로운 방법으로서 '명상'과 '마음 챙김' 수업을 실시하고 있는데, 이 프로그램을 점차 확장할 예정이라 한다. 심지어, 영국의 어느 초등학교에서는 무엇을 잘못한 학생에게 처벌로, 방과 후에 남게 하여 '명상(Meditation)'을 하게 함으로써, 많은 긍정적인 결과가 나왔다고 한다.

명상을 체험한 학생들은 집중력, 학우간의 존경심, 자기 제어 능력, 공감(이해) 능력이 좋아졌으며 반면, 스트레스, 주의력 결핍과 과잉 행동장애, 우울감이 해소되었다고 하며, 덧붙여서 학업 성적은 올라갔다는 긍정적 연구 결과가 지속적으로 보고되고 있다.

학생의 명상 모습[10]

• • •

10   학생의 명상 모습. 검색일 2020년 8월 25일, https://www.brightvibes.com

이렇게 교육적으로 좋은 점이 많은 '명상'과 '마음 챙김'을 발레를 배우고자 하는 학생들이 이를 과소평가하고, 심지어는 무시하며, 하지 않아야 할 어떠한 정당한 이유가 있는가? 만약 그러한 이유가 있다면, 꼬오~옥! 저자에게 알려주시길 당부드린다!

무엇을 하라고 하는 발레 지침서는 많다. 그러나 '생각을 하지 말라'고 하고, '억지로 무엇을 하려고 하지도 말라'고 하는 발레 지침서는 아마도 접하기 힘들 것으로 생각된다. 그러나 이러한 수련법이 마음을 안정시키기 위함이라는 것을 잊어서는 안 된다.

발레 학습자들이 일상생활에서 혹은, 개인 연습실에서 가끔 모든 것을 잠시 멈추고 호흡을 가다듬을 수 있다면, 마음이 안정되고, 마음이 안정되면 몸이 안정되어, 비로소 중심이 잡히게 된다. 그렇게 되어야 더욱더 잘 배우고 익힐 수 있게 된다는 인식이 절실히 요구된다.

참고문헌

여동빈. (1992). **太乙金華宗旨**. 서울: 여강출판사.

요가 명상자세. 검색일 2020년 9월 1일, https://commons.wikimedia.org/wiki/ File:1_Sannyasi_in_yoga_ meditation_on_the_Ganges,_Rishikesh_cropped.jpg

학생의 명상 모습. 검색일 2020년 8월 25일, https://www.brightvibes.com

허경무. (2000). **국선도 강해**. 서울: 밝문화연구소.

Autere, A. (2013). *The Feeling Balletbody*. Pittsburgh, PA: Dorrance Publishing Co. Inc.

Fall and Recovery. 검색일 2020년 9월 11일, https://charlesweidman.wordpress.com/home-page-2/doris-charles/

McAllister-Viel, T. (2009, September). (Re)considering the Role of Breath in Training Actors' Voices: Insights from Dahnjeon Breathing and the Phenomena of Breath. *Theatre Topics*, 19(2), 165-180.

2. 균형이 저절로 잡힌다.

"Relaxing is the key to successful balancing."[1]

바니 코헨(Bonnie B. Cohen)은 "성공적이며 편안하게 보이는 모든 움직임의 저변에는 '반사작용(reflexes)'과 '바로잡기 반응(righting reactions)', 그리고 '평형 반응(equilibrium responses)'이 포함되어 있다."[2]고 하였다.

균형 반사(balance reflex)

• • •

1 Autere, A. (2013). *The Feeling Balletbody*. Pittsburgh, PA: Dorrance Publishing Co. Inc, p. 129.

2 Cohen, B. (2012). *Sensing, Feeling, and Action: The Experiential Anatomy of Body-Mind Centering®*. Northampton, MA: Contact Editions, p. 122.

인간은 출생 이전부터, 혹은 출생 이후부터 본능적으로 타고난 반사적인 여러 가지 반응이 있다. 이 중에서 "균형 반사(balance reflex)"는 인체에서 가장 빠르고, 활동적인 반사들 중 하나로, 겉으로 잘 드러나지는 않지만, 우리의 움직임 속에 항상 잠재되어 있는 에너지이다.[3]

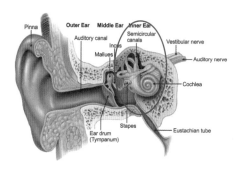

내이(內耳: inner ear)[4]

우리 몸의 균형은 '내이(內耳: inner ear) 균형 기관'에 의해 조절되는데, 이 기관으로부터 온 정보를 전달받은 뇌는 인체의 모든 근육을 조절하는 전반적인 균형 반사 반응 작용을 조직화한다. 이러한 작용은 우리가 깨닫지 못하고 있지만, 항상 몸을 똑바로(upright) 유지하고자 하는 복잡한 과정의 일들이 우리 몸속에서 부단히 일어나고 있다. '내이 균형 기관'은 특히 머리의 움직임을 감지하는 능력이 뛰어난데, 이러한 반사작용이 '바로잡기 반응(righting reactions)'이다.

· · ·

3   Autere, A. (2013). p. 129.

4   내이. 검색일 2020년 8월 14일, https://www.pngegg.com/en/png-pevwy

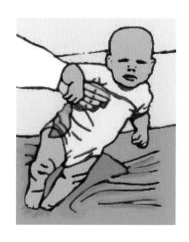

바로잡기 반응(righting reactions)

"바로잡기 반응(righting reactions)"은 출생 직후부터 보이기 시작하며, 생후 10개월부터 12개월 사이에 매우 두드러지게 나타나고, 이후 성인이 되어서도 모든 움직임 속에서 가장 적극적으로 나타난다. 이러한 반응은 첫째, 중력과 맞서서 하는 모든 움직임, 즉 누웠다가 일어나는 모든 자세와 전환 동작에서 머리와 몸을 똑바로 들어서 유지하려고 하는 기량과 둘째, 중력과 공간과의 관계 속에서 모든 다양한 위치로 회전하고자 하는 기량의 기저가 되고 있다.[5] 따라서 '바로잡기 반응'은 우리가 머리를 들거나, 구르기를 하거나, 앉거나, 기어 다니고, 서고, 걷는 등 모든 동작을 함에 있어서 없어서는 안 될 '하늘이 주신 선물'인 것이다.

'바로잡기 반응'은 출생 이후부터 나타나지만, 대부분의 "평형 반응(equilibrium responses)"은 생후 6개월 이후부터 보이기 시작하며, '바로잡기 반응'과 함께 협력하여 성인이 되어서도 모든 움직임의 기저를 이룬다.

• • •

5 Cohen, B. (2012). p. 124.

우리가 공간에서 움직일 때마다 무게 중심(Center of Gravity)과 지지 기반
(Base of Support)은 매번 바뀌게 된다. 이때마다, 우리 몸에서는 '평형 반응'이라는
반사적인 움직임이 우리가 "넘어져서 크게 다치지 않도록" 쉴 새 없이 무의식적으로
일어난다. 이 얼마나 고마운 일인가!

'평형 반응'에는 다섯 가지 유형이 있다. 첫째, '배꼽—순응 (Navel-Yielding) 평형 반응'
이다. 이는 지구 중력에 맞추어 자연에 순응하는 반응으로 팔, 다리, 머리, 꼬리뼈의
육지(六肢: 6 limbs)를 배꼽 주변으로 웅크리고 나서, 이후에 자신의 몸을 지구 중력에
순응하며 순차적으로 풀어주는 반사작용이다.

둘째, '방어적(Protective) 평형 반응'이다. 이 역시, 지구 중력에 맞추어, 자신을
보호하기 위한 반사작용으로, 우리 몸은 중심을 잃지 않도록 자신의 몸의 지지
기반을 넓히거나, 혹은 위치를 바꾸어 지면 (바닥)쪽으로, 팔을 순간적으로 쭉 펴거나,
아니면 발을 다른 방향으로 내디디거나, 혹은 살짝 뛰는 등의 무의식적인 방어적
움직임을 하게 된다. 이러한 방어적 평형 반사작용 덕분으로 우리가 혹 중심을
잃거나 넘어지더라도 크게 다치지 않게 되는 것이다.

Navel-Yielding   Protective

배꼽—순응(Navel-Yielding) 평형 반응 & 방어적(Protective) 평형 반응

셋째, '공간적-다다르기(Spatial-Reaching) 평형 반응'이다. 이는 공간 지향적 반응으로, 무게 중심의 위치를 바꾸기 위해 자신의 몸 주변의 공간으로 몸통을 옮긴다거나 팔과 다리를 쭉 내뻗치는 반사작용이다. 이렇게 함으로써 우리는 중심을 잃지 않고 지지기반을 이동시킬 수 있게 된다.

Navel-Yielding   Spatial-Reaching   Navel-Yielding   Spatial-Reaching

공간적-다다르기(Spatial-Reaching) 평형 반응

이와 같은 '공간적-다다르기(Spatial-Reaching) 평형 반응'은 발레 동작 중에 'Brisé volé' 에서도 관찰되는데, 무게 중심을 옮기기 위해 몸통은 앞쪽으로 기울이고, 팔과 다리를 가고자 하는 방향으로 쭉 뻗음으로써 안전한 착지가 가능하게 된다.

Brisé volé

넷째, '공간적-회전(Spatial-Turning) 평형 반응'이다. 이는 두 가지 이유로 나타나는데; 첫 번째 경우는, '방어적 평형 반응'과 '공간적-다다르기 평형 반응'이 성공적으로 되지 않았을 때, 넘어져 다치지 않게 하기 위한 최후의 수단으로, 몸의 자세를 재조정하기 위해 몸통을 무의식적으로 돌리게 되는 경우이다

Spatial-Reaching   Spatial-Turning

공간적-회전(Spatial-Turning) 평형 반응

두 번째 경우는, 낙하하는 힘이나 가속도를 원심력/구심력(circular forces)으로 전환하기 위해 반사적으로 일어나는 경우이다. 이러한 상황에서 우리 몸의 머리, 척주, 팔, 다리는 몸의 중심축(central body axis)을 중심으로 공간에서 회전하게 된다. '공간적-회전 평형 반응' 덕분으로 발레 무용수의 고난도 테크닉인 'Grand Jeté en tournant (double) tour'와 'Manège'와 같은 동작들이 가능하게 되는 것이다.

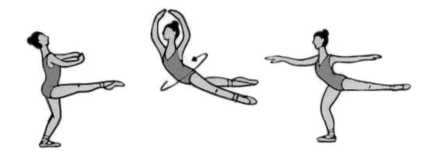

Grand Jeté en tournant

Manège

다섯째, '외곽의—공간적(Outer-Spatial) 평형 반응'이다. 이는, 우리 몸의 개인적 운동 영역(personal kinesphere)에서 벗어난, 외곽의 공간 속 어느 특정한 지점으로 끌려가듯이 신체의 최말단 부분, 즉 머리, 꼬리뼈, 손, 발 끝에서 나타나는 반사적 반응이다. "이 반응은 주로 외적 대상에 의해 유발되지만, 미하일 바리쉬니코프(Mikhail Baryshnikov)는 이러한 외적 대상의 동기 유발 없이도 이러한 '외곽의—공간적 평형 반응'을 유감없이 발휘하고 있는데, 무용수들은 내적인 감정으로도 이렇게 할 수 있어야 한다."[6]고 코헨 (B. Cohen)이 강조하였다.

외적 대상으로 인한 Outer-Spatial   내적 감정으로 인한 Outer-Spatial

• • •

6　Cohen, B. (2012). p. 139.

우리는 이토록 고마운 시스템이 우리의 모든 움직임의 기저를 이루고 있다고 얼마나 느끼면서 살고 있는가? 특히, 무리한 연습만이 모든 어려운 기량을 증진시킬 수 있다고 믿는 많은 발레 무용수들은 하늘이 주신 이 선물을 얼마나 인정하며 연습에 임하고 있는가?

어티어(A. Autere)는 그녀의 책에서 "자연의 힘(Mother Nature)이 모든 자세의 균형을 책임진다.", "누가 자연의 힘을 거스를 수 있겠는가? 발레 무용수들은 자연이 네 자신이 노력하는 것보다 더 잘해낼 수 있다는 것을 믿고, 포인트 슈즈 안에서 흔들흔들거리는 발의 느낌에 대해서도 감사해야 한다."[7]라고 언급하면서 스스로 알아서 균형을 잡고자 하는 우리 몸의 모든 평형 반응 반사작용들을 믿어보라고 거듭 강조한다.

그런데, 이러한 우리 몸의 자연적인 평형 반응 감각을 느끼기 위해서는 'relax'를 해야만 하는 것이다. 긴장을 하거나 지나치게 애를 쓰면 오히려 균형을 잃을 수 있게 된다. 여동빈은 "…만약 힘을 들여서 억지를 부리면, 문(gate)이 아닌 곳을 파고 들어가게 되니…"[8]라 하면서 '무위(無爲: Non-Doing)'를 설파하였으며, "저절로 그러한 대로 놔두고…"라고 하였다. 이는 억지로 하여서도 안 되며, 꼭 그렇게 할 필요도 없다는 뜻으로, 중심은 스스로 자연스럽게 잡히게 된다는 의미를 내포한다. 어티어(A. Autere)도 발레 무용수들을 위해 "let balancing take care of itself"[9]라 하였으니, 호흡으로 마음의 안정을 찾으면서, 자신의 몸 안의 균형 감각을 인지하는 것이 매우 중요하다. 이처럼 우리 몸의 균형이 저절로 잡히는 평형 반사작용에 있어서도 동·서양의 논리가 따로 있을 수 없다고 생각한다.

• • •

7 Autere, A. (2013). pp. 127−128.

8 여동빈. (1992). 太乙金華宗旨. 서울: 여강출판사, p. 168.

9 Autere, A. (2013). p. 128.

참고문헌

내이. 검색일 2020년 8월 14일, https://www.pngegg.com/en/png-pevwy

여동빈. (1992). **太乙金華宗旨**. 서울: 여강출판사.

Autere, A. (2013). *The Feeling Balletbody*. Pittsburgh, PA: Dorrance Publishing Co. Inc.

Cohen, B. (2012). *Sensing, Feeling, and Action: The Experiential Anatomy of Body-Mind Centering*®.
　　Northampton, MA: Contact Editions.

Ⅲ

Align

1. 속 근육과 내장기관

"Aligning the bones according to Mother Nature's way is
the responsibility of the inside muscles." [1]

어티어(A. Autere)는 속 근육들이 대자연의 법칙에 따른 신체 정렬을 책임지고

있다고 하였는데, 그녀는 "BalletBodyLogic"에서 발레 무용수들이 그 많은 속 근육들

중 다음과 같은 다섯 종류의 속 근육들과 친숙해지기를 바란다고 하였다. 이는

고관절 회전근(deep rotators of the hip joints), 대요근(psoas major), 횡돌기극근

(transversospinalis), 전거근(serratus anterior), 그리고 횡격막(diaphragm)이다.

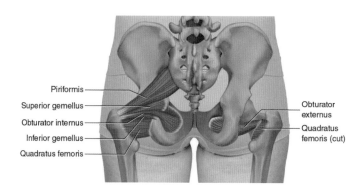

고관절 회전근(6 deep rotators of the hip joints) [2] (뒤에서 본 그림)

• • •

1   Autere, A. (2013). *The Feeling Balletbody*. Pittsburgh, PA: Dorrance Publishing Co. Inc, p. 39.

2   고관절 회전근(6 deep rotators of the hip joints). ⓒDr. Joe Muscolino, art by Giovanni Rimasti.
    검색일 2020년 10월 8일, https:// learnmuscles.com/glossary/deep-lateral-rotator-group/

고관절 회전근(deep rotators of the hip joints)은 6개로 이루어져 있는데, 이 여섯 개의 속 근육들은 지지하고 있는 다리 (supporting leg)의 turn-out을 하는 데 있어 중요한 역할을 담당하고 있다.

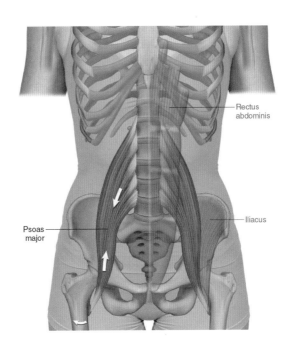

대요근(psoas major)[3] (앞에서 본 그림)

대요근(psoas major)은 우리 몸의 상·하체를 연결하는 중요한 근육으로 고관절에서의 모든 구부리는 동작(flexion)을 담당하고 있다. 발레 동작에 있어서, 다리를 들거나 움직이는 다리(performing leg)의 turn-out을 할 때 제일 처음으로 생각해야 하는 근육이다.

• • •

3 대요근(psoas major). ⓒDr. Joe Muscolino, art by Giovanni Rimasti. 검색일 2020년 3월 7일, https://learnmuscles.com/glossary/psoas-major

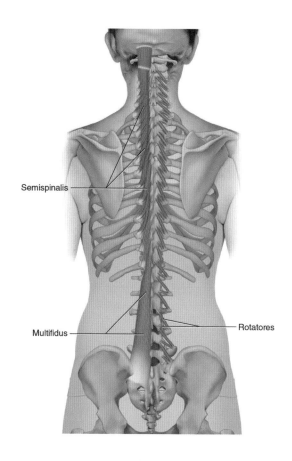

Semispinalis

Multifidus

Rotatores

횡돌기극근(transversospinalis)[4]

횡돌기극근(transversospinalis)은 '가로 돌기 가시 근육'이라고도 하는데, 이는 척주(vertebral column)의 신전(extension)과 회전(rotation)을 담당하는 척추뼈에 가장 가까이 붙어 있는 속 근육들의 그룹이다. 척추뼈와 척추뼈 사이에 있는 이 근육들은 매우 짧아서, 각 척추 간의 움직임 역시 매우 작을 수밖에 없지만, 이 모든 작은 근육들이 확장하게 되면 무용수는 최대한으로 상체를 길게(lengthening) 사용할 수 있게 되는 것이다.

• • •

4 횡돌기극근(transversospinalis). ⓒDr. Joe Muscolino. art by Giovanni Rimasti. 검색일 2020년 11월 5일, https://learnmuscles.com/glossary/transversospinalis-group/

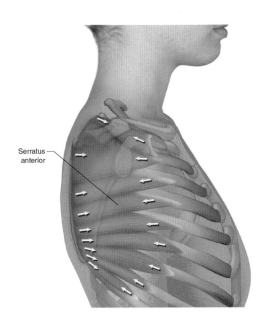

전거근(serratus anterior)[5]

전거근(serratus anterior)은 갈비뼈 외측벽에 위치한 근육으로 여덟 번째 혹은 아홉 번째까지의 갈비뼈 외곽에서부터 시작하여 견갑골의 안쪽 중심선 가장자리에까지 붙어 있기 때문에, 견갑골을 흉추벽(thorasic wall)에 안정시키거나, 앞으로 보내거나, 위로 회전시키는 움직임을 담당한다. 그렇기 때문에, 무용수들이 팔을 움직일 때 전거근부터 생각하며 사용할 수 있다면 보다 안정되고 확장된 상체의 움직임을 연출할 수 있게 된다.

• • •

5 전거근(serratus anterior). ⓒDr. Joe Muscolino, art by Giovanni Rimasti. 검색일 2020년 9월 30일, https://learnmuscles.com/glossary/serratus-anterior-3/

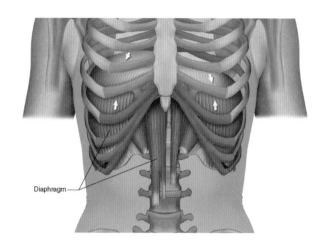

횡격막(diaphragm)[6] (앞에서 본 그림)

　　횡격막(diaphragm)은 우리의 호흡을 담당하는 인체의 가장 안쪽에 있는 속 근육으로, 더욱 엄밀히 말하면 '흉부 횡격막(thorasic diaphragm)'이다. 호흡이 잘되지 않으면, 우리의 움직임도 잘되지 않는다. 따라서 무용수들에게 횡격막의 움직임에 대한 올바른 인식은 아무리 강조해도 지나치지 않는 것이다.

　　그렇다면, 코어 근육(Core Muscles)은 무엇인가? 코어 근육은 신체 중심부인 몸통 내부 깊숙이 위치하고 있는 근육으로, 앞과 옆 부분의 복근들, 각 척추뼈를 연결해주는 척추 기립근들, 골반기저근들, 그리고 횡격막으로 모든 움직임의 안정성을 책임지고 있다.

• • •

6　횡격막(diaphragm). ⓒDr. Joe Muscolino, art by Giovanni Rimasti. 검색일 2020년 10월 21일,
　https://learnmuscles.com/ glossary/diaphragm/

지금까지 몸통을 이루는 척추뼈, 골반뼈, 갈비뼈에 가장 가까이 붙어 있는 속
근육들을 살펴보았는데, 그 속 근육들 안에는 내장(內臟) 기관들이 위치하고 있다.
일반적으로 근골격계가 신체의 정렬을 책임진다고 생각하겠지만, 내장기관들 역시
신체 정렬에 있어 매우 중요한 역할을 담당하고 있다.

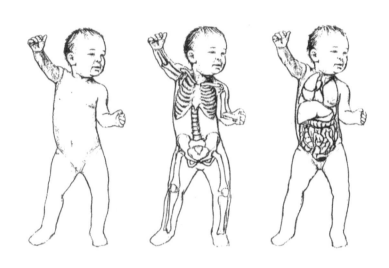

외형의 움직임, 뼈의 움직임, 내장기관의 움직임 알아채기[7]

또한, 각각의 장기(臟器: organ)들은 인간의 감정과 매우 밀접하게 연결되어 있기
때문에, 감정의 정렬과 신체의 정렬은 따로 떼어놓고 생각할 수 없게 되는 것이다.
동양 의학에서는 우리의 몸이 자연과 닮아 있다고 생각하기 때문에, 하늘의 다섯
가지 기운, 즉 오운(五運)을 5개의 자연물에 배속시켰으며, 이를 인체의 다섯 가지
장기(臟器)와 연결시켜 이해하였다. 5개의 자연물이란, 오행(五行)이라 하며, 이는

• • •

7 Cohen, B. (2012). *Sensing, Feeling, and Action: The Experiential Anatomy of Body-Mind Centering®*.
Northampton, MA: Contact Editions, p. 35. Illustration by Michael Ridge; Copyright © 1993 Bonnie
Bainbridge Cohen.

나무[木(목): Wood], 불[火(화): Fire], 흙[土(토): Earth], 쇠[金(금): Metal], 물[水(수): Water]이다.

첫째, 나무[木(목): Wood]의 기운을 인체의 간장(肝臟: Liver)에 배속시켰는데, 목(木) 기운은 봄의 파릇하고 생생한 기운으로, 간(肝)의 젊고 활기찬 기운과 연관된다. 이러한 활기찬 기운을 억압하면 분노가 표출되는데, 이 때문에 분노[怒(노): Anger]의 감정이 간에 감추어져 있다고 생각했을 것이라 유추된다.

둘째, 불[火(화): Fire]의 기운은 인체의 심장(心臟: Heart)에 배속시켰는데, 화(火) 기운은 여름의 뜨거운 열과 불이 되는 기운으로, 심장에서 기(氣)와 혈(血)을 전신으로 산포하려는 기운과 연관된다. 이는 기쁨이라는 가볍고 밝은 감정으로 긴장된 마음을 산포시켜 흩어버리려는 성질과 관련이 있으며, 이 때문에 희락[喜(희): Joy]의 감정이 심장에 감추어져 있을 것이라 생각하지 않았나? 판단된다.

셋째, 흙[土(토): Earth]의 기운을 인체의 비장(脾臟: Spleen)에 배속시켰는데, 토(土) 기운은 4계절의 중앙, 늦여름의 장마철, 혹은 환절기에 해당하는 시기의 촉촉하고 습한 기운으로, 인체의 가장 중앙에 위치하여 우리 몸의 조절과 균형을 도맡아 하는 비장(脾臟)의 기능과 닮아 있다. 몸의 중심에서 때에 맞춰 빈 공간 사이를 메우고 연결하여 적절하게 조절하며 균형 있게 배열을 하려면 많은 생각이 필요하다. 이 때문에 생각[思(사): Thought]의 감정이 비장에 감추어져 있다고 생각하였을 것이라 사료된다.

넷째, 쇠[金(금): Metal]의 기운을 인체의 폐장(肺臟: Lung)에 배속시켰는데, 금(金) 기운은 가을의 시원하고 건조한 기운으로 몸통의 가장 높은 곳에서 몸 안의 내장기관을 덮고 있으며, 특히 심장의 화기가 흩어지지 않도록 가두어 놓는 서늘한 폐(肺)의 기운과 닮아 있다. 이렇게 몸속을 에워싸고 있으면서 몸속을 보호하고 외부로부터의 나쁜 기운이 침범하는 것을 방어하려면 많은 걱정이 뒤따른다. 또한, 결실과 마무리가 되는 계절, 가을에는 때로는 서글퍼지기도 한다. 그렇기 때문에, 근심[憂(우): Worry]과 슬픔[悲(비): Grief]의 감정이 폐장에 감추어져 있다고 생각하지 않았나? 사료된다.

다섯째, 물[水(수): Water]의 기운을 인체의 신장(腎臟: Kidney)에 배속시켰는데, 수(水) 기운은 어두컴컴한 겨울밤에 흐르는 깊은 강물과 같은 기운으로 인체의 깊숙한 내면에서 흐르는 눈물, 골수, 정액, 오줌 등 물을 주관하는 신장(腎臟)의 기능과 닮아 있다. 우리는 갑자기 차가운 얼음이 몸에 닿으면 깜짝 놀라게 되며, 어두컴컴한 겨울밤은 두려움을 자아낸다. 아마도 그렇기 때문에, 놀람[驚(경): Shock]과 공포[恐(공): Fear]의 감정을 신장과 연결시켜 생각하지 않았나? 사료된다.

위에서 언급한 5가지의 자연물과 이에 관련된 내장기관과 감정을 다음과 같이 표로 정리하여 보았다.

5 Elements	Related Organ	Related Season	Related Emotion
나무[木(목): Wood]	간장(肝臟: Liver)	봄	분노[怒(노): Anger]
불[火(화): Fire]	심장(心臟: Heart)	여름	희락[喜(희): Joy]
흙[土(토): Earth]	비장(脾臟: Spleen)	환절기(장마철)	생각[思(사): Thought]
쇠[金(금): Metal]	폐장(肺臟: Lung)	가을	근심[憂(우): Worry] 슬픔[悲(비): Grief]
물[水(수): Water]	신장(腎臟: Kidney)	겨울	놀람[驚(경): Shock] 공포[恐(공): Fear]

이와 같이, 우리 몸 안의 다섯 가지 장기(臟器)와 이에 연관된 감정들을 동양 의학의 관점에서 살펴보았는데[8], 이러한 연관성은 동양 철학의 선별적 수용과 함께 수천 년 동안 지속되어 왔던 동양 의학의 임상실험과 검증의 결과라고 생각된다. 그러나 이와 같은 인식은 고대 히브리 사람들의 사고에서도 반영되어 있는데, 그들 역시 "인간의 장기(臟器) 속에 그 사람의 인격과 감정이 들어 있다."고 생각하였다 한다. [9]

Body-Mind Centering®(일명, BMC®)을 개발한 코헨(Bonnie B. Cohen)은 그녀의 책 『Sensing, Feeling, and Action』에서 "감정 표현의 근원(Origins of Expression)"으로서 인체의 내장기관을 설명하고 있으며, 각각의 장기(臟器: organ)와 감정을 연관 지어, 이에 따른 움직임 또는 자세를 분석, 탐구하였다. [10]

어티어(A. Autere) 역시, 그녀의 "BalletBodyLogic"에서 "인체의 장기(臟器)와 마찬가지로 코어 근육들도 인간의 감정과 깊숙이 연관되어 있다."[11]고 기술하면서, 장기(臟器)와 코어 근육(Core Muscles), 그리고 감정과의 연관성을 강조하고 있다.

● ● ●

8   안도균. (2015). **동의보감: 양생과 치유의 인문의학**. 서울: 작은길, pp. 154-215; 이황. (2006). **활인심방** (이윤희, 역). 서울: 예문서원, pp. 187-188.

9   가스펠서브. (2006). 라이프 성경 사전. 검색일 2020년 10월 1일, https://terms.naver.com/entry.nhn? docId=2394449&cid=50762&categoryId=51387

10   Cohen, B. (2012). pp. 28-53.

11   Autere, A. (2013). p. 176.

Autere, A., 『The Feeling Balletbody』[12]

　　움직임과 목소리의 연결성을 심화하는 바디워크인 Voice Movement Integration(VMI)을 창시한 패트리시아 바르디(Patricia Bardi)는 이미 오래전(1979년)에 어느 인터뷰에서 인체 각각의 장기(臟器)들은 각기 다른 감정들을 불러일으키며, 서로 긴밀하게 연결되어 있다고 하였다.[13]

　　이렇듯, 인체 내의 내장기관들과 감정과의 연관성은 이제 더이상 동양인들만이 갖고 있는 신비하고, 때론 미신적이며, 비과학적인 선입견이나 편견이 아니며, 살아 있는 모든 인간, 특히 감정을 표현하는 무용인들이 몸을 이해하기 위해서는 반드시 인지해야 하는 인식의 대상인 것이다. 왜냐하면, 우리의 '몸'은 곧 우리의 '마음'이기 때문이다. 따라서 우리의 감정을 너무 지나치지도, 너무 부족하지도 않게 조화롭게 다스림으로써 인체의 생리 기능을 맡고 있는 내장 기관이 질서를 지켜 배열을 맞추게 되면 우리의 몸 가장 깊숙한 곳에서부터 정렬이 이루어지게 되는 것은 지극히 당연한 일이다.

· · ·

12　앞글, p. 176. Illustration by Raphaëlle Zemella.

13　Bardi, P., Turner, G., & Cohen, B. (1981). The Presence of the Organs in Dancing. *Contact Quarterly, Winter*, pp. 32-38.

참고문헌

가스펠서브. (2006). 라이프 성경 사전. 검색일 2020년 10월 1일,
　　https://terms.naver.com/entry.nhn?docId=2394449&cid=50762& categoryId=51387

고관절 회전근(6 deep rotators of the hip joints). ⓒDr. Joe Muscolino, art by Giovanni Rimasti. 검색일
　　2020년 10월 8일, https://learnmuscles.com/glossary/deep-lateral-rotator-group/

대요근(psoas major). ⓒDr. Joe Muscolino, art by Giovanni Rimasti. 검색일 2020년 3월 7일, https://
　　learnmuscles.com/glossary/psoas-major

안도균. (2015). **동의보감: 양생과 치유의 인문의학**. 서울: 작은길.

이황. (2006). **활인심방** (이윤희, 역). 서울: 예문서원.

전거근(serratus anterior). ⓒDr. Joe Muscolino, art by Giovanni Rimasti. 검색일 2020년 9월 30일, https://
　　learnmuscles.com/glossary/serratus-anterior-3/

횡격막(diaphragm). ⓒDr. Joe Muscolino, art by Giovanni Rimasti. 검색일 2020년 10월 21일, https://
　　learnmuscles.com/ glossary/diaphragm/

횡돌기극근(transversospinalis). ⓒDr. Joe Muscolino, art by Giovanni Rimasti. 검색일 2020년 11월 5일,
　　https://learnmuscles.com/glossary/transversospinalis-group/

Autere, A. (2013). *The Feeling Balletbody*. Pittsburgh, PA: Dorrance Publishing Co. Inc.

Bardi, P., Turner, G., & Cohen, B. (1981). The Presence of the Organs in Dancing. *Contact Quarterly*,
　　Winter, 32-38.

Cohen, B. (2012). *Sensing, Feeling, and Action: The Experiential Anatomy of Body-Mind Centering*®.
　　Northampton, MA: Contact Editions.

2. 올바른 자세와 인체의 2차 곡선들(Secondary Curves)

"《structure governs function》"[1]

1874년, 타일러(Dr. A. Taylor)는 위와 같이 언급하였는데, 그가 한 말은 아직도 유효하다! 고도의 발레 테크닉을 자유자재로 구사하기 위해서는 신체 정렬이 잘 맞아야 한다. 신체 정렬이란 곧, 올바른 자세(correct posture)이다. 만약, 발레 무용수의 서 있는 자세가 바르지 않다면, 다시 말해 좌, 우의 균형이 깨져 있다면 그 다음 동작은 기대해 볼 필요도 없을 것이다.

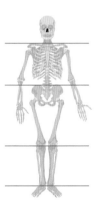

신체의 앞면[2]

● ● ●

1 Autere, A. (2013), *The Feeling Balletbody*. Pittsburgh, PA: Dorrance Publishing Co. Inc, p. 35.
2 신체의 앞면. 검색일 2020년 9월 28일, https://commons.wikimedia.org/wiki/File: Human_skeleton_front_en.svg#/media/File:Human_skeleton_front_-_no_labels.svg

바르지 않은 자세에서는 절대로 바른 동작을 수행할 수가 없기 때문이다. 신체의 중앙선(Middle Line)을 중심으로 좌, 우의 대칭도 중요하지만, 옆에서 보았을 때의 플럼라인(Plumb Line)에 대한 올바른 인지도 매우 중요하다.

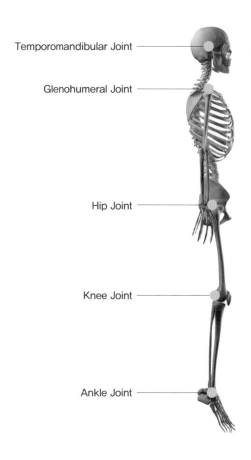

Plumb Line[3]

• • •

3 Plumb Line. 검색일 2020년 9월 28일, https://www.pngegg.com/ko/png-zmzme/download

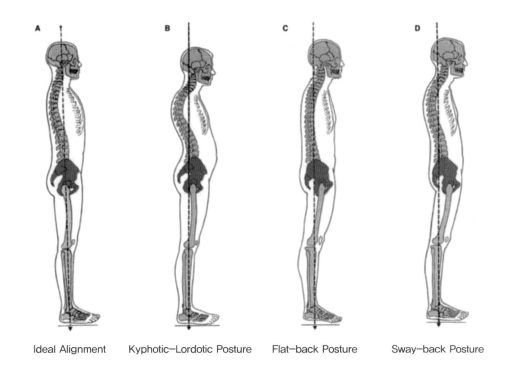

| Ideal Alignment | Kyphotic–Lordotic Posture | Flat–back Posture | Sway–back Posture |

Four Types of Postural Alignment[4]

위의 사진에서, 보기 B는 아마도 발레 무용수들에게는 찾아보기 어려운 자세일 수 있으나, 보기 C와 보기 D는 발레 무용수들에게 가장 흔히 관찰되는 잘못된 자세이다. 이러한 후천적 기형의 자세들(보기 C와 보기 D)은 도대체 어떻게 형성된 것일까?

어티어(A. Autere)는 그녀의 "BalletBodyLogic"에서 발레를 가르치고 배우는 데 있어서 그릇된 정보들에 대해 언급하고 있는데[5], 이들 중 다음과 같은 구두의 큐가 이렇게 잘못된 자세들을 만드는 데 "매우 심각하게" 기여(?)했을 것이라 판단된다.

• • •

4 Four Types of Postural Alignment. 검색일 2020년 8월 5일, https://www.pngegg.com/
5 Autere, A. (2013). pp. 7–29.

그동안 발레 연습실에서 가장 많이 들었던 구두의 큐는 다음과 같다:

엉덩이에 힘주고! 혹은 엉덩이(혹은, 골반)를 안으로 밀어넣고!

배를 집어넣고! (똥배가 나오면 큰일 난다!)

갈비뼈를 안으로 집어넣고!, 그리고는 턱은 들고!

심지어는, 숨을 참으라고 하는 선생님들도 있다고 하니, 어떻게 발레 무용수들의

올바른 척추의 정렬을 기대할 수 있겠는가?

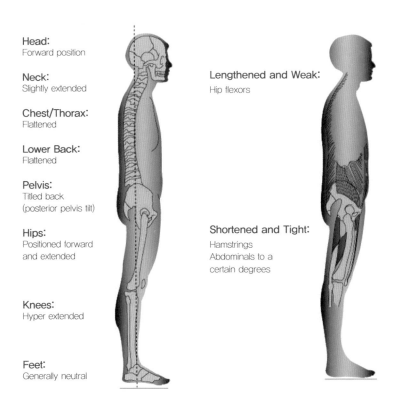

Flat-back Posture & Weakened Muscles[6]

• • •

<hr/>

6 Flat-back Posture & Weakened Muscles. 검색일 2020년 9월 28일, https://www.pngegg.com/en/png-exray

보기 C는 Flat—back Posture의 경우로, 골반뼈가 뒤로 기울어짐(posterior pelvic tilt)에 따라 척추뼈가 일자가 되고, 가슴뼈는 납작하게 되고, 목뼈는 일자목이 되어, 머리는 약간 앞으로 빠지고, 무릎은 약간 뒤로 밀린(hyper extended) 상태이다. 이러한 자세로 지속적인 연습을 했을 경우에는, 엉덩이 근육(Gluteus)은 늘어지고 약해지며, 허벅지 뒤 근육(Hamstrings)과 복근(Abdominals)은 수축되어 항상 긴장된 상태가 된다.

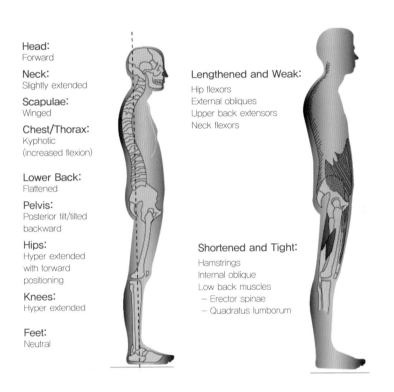

Sway—back Posture & Weakened Muscles[7]

• • •

7 Sway—back Posture & Weakened Muscles. 검색일 2020년 9월 28일, https://www.pngegg.com/en/png—exray

보기 D, Sway-back Posture는 보기 C보다 더욱 심각한 경우로, 골반뼈가 뒤로 더 기울어져 있으며, 가슴뼈는 푹 꺼져 있고, 견갑골은 뒤로 튀어나와 있으며(Winged scapular), 머리는 앞으로 더 빠져 있게 되고(거북목; Turtle Neck), 무릎은 심하게 뒤로 밀려 있다(Back Knees). 이러한 자세로 반복적인 연습을 하게 되면 발레 무용수들은 약해진 엉덩이 근육들, 복근과 등 근육들, 허벅지 뒷근육들로 인해 부상은 피할 수 없게 된다.

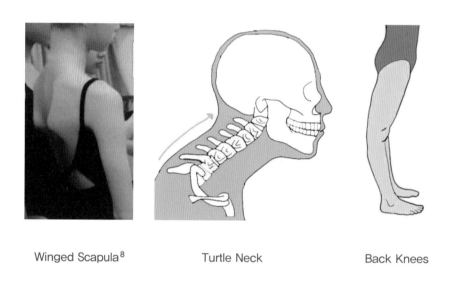

Winged Scapula[8]　　　　Turtle Neck　　　　Back Knees

또한, 엉덩이를 심하게 안으로 말아넣음으로써, 치골이 올라가게 되어, 치골뿐 아니라 궁둥뼈(sits bones)에 붙어 있는 5개의 Adductors도 같이 따라 올라가서 Adductors는 늘어진 상태가 되어 제 기능을 할 수가 없게 되며, 따라서, Adductors는 약해질 수밖에 없게 된다. 이렇게 약해진 근육은 신체의 변형뿐 아니라, 결국에는 치명적인 부상을 초래하게 된다!

• • •

8　Winged Scapula. 개인 자료.

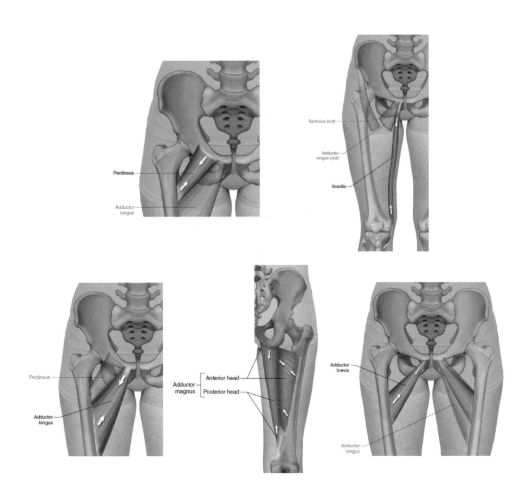

Adductors of Hips[9] (앞에서 본 그림)

게다가, 치골이 앞으로 올라가게 됨에 따라 대퇴 골두(femoral head)는 관골구 (acetabulum) 안에서 적당한 간격을 유지할 수 없게 되어, 대퇴 골두와 관골구의 마찰이 일어나게 되며, 그 사이에 있는 연골(cartilage)이 마모되어 뼈와 뼈가 닿기 때문에 엄청난 통증을 일으키게 되며, 결국에는 혈액이 통하지 않게 되어 괴사(壞死: necrosis) 가 일어나게 된다!

• • •

9   Adductors of Hips. ⒸDr. Joe Muscolino, art by Giovanni Rimasti. 검색일 2020년 9월 27일, https://learnmuscles.com/glossary/ adductor-group-2/

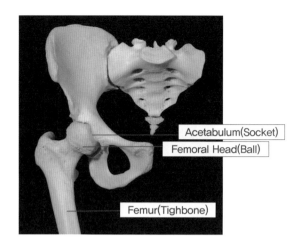

Femoral Head and Acetabulum[10]

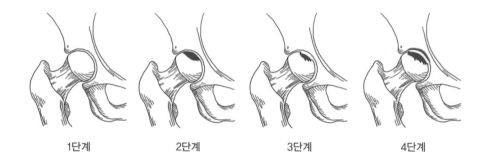

| 1단계 | 2단계 | 3단계 | 4단계 |

대퇴 골두의 괴사 과정

왜? 이렇게 엉덩이를 집어넣어 우리 신체를 망가뜨리는지? 하물며 골반뼈를 뒤로 기울이게 하여(posterior pelvic tilt), 척추의 자연스러운 굴곡들을 없애려고 하지 않는가!

• • •

10 Femoral Head and Acetabulum. 검색일 2020년 12월 30일, https://learnmuscles.com/glossary/hip-joint−2/

우리 몸의 올바른 기립 자세는 신체 뒷부분 전체에 걸쳐 나타나는 네 종류의 2차 만곡들(Secondary Curves)에 의해 가능해지는데, 이러한 만곡들은 아기가 엄마 배 속으로부터 태어나 자라면서의 발달과정에서 형성된다.

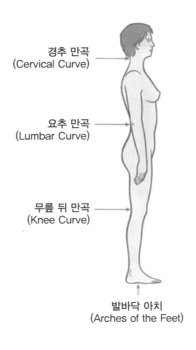

경추 만곡
(Cervical Curve)

요추 만곡
(Lumbar Curve)

무릎 뒤 만곡
(Knee Curve)

발바닥 아치
(Arches of the Feet)

2차 만곡들[11]

• • •

11 Myers, T. (2001). **근막경선 해부학(3판) 자세 분석 및 치료** (Cyriax 정형의학연구회 외, 역). 서울: 엘스비어코리아. (2014), p. 117.

첫째: 경추 만곡(Cervical Curve)

: 엄마 배 속에서 "C"자 모양으로 되어 있었던 척주는 생후 3~4일이 되면, 자신의 목을 가누기 위해, 다시 말해 머리를 들기 위해, 두 번째 경추(C2)에서부터 두 번째 흉추(T2) 사이에 '경추 만곡'이 형성된다.

둘째: 요추 만곡(Lumbar Curve)

: 이렇게 경추 만곡이 형성되어 목 근육이 활성화가 되면, 다음 단계로 생후 6~9개월 즈음부터, 앉거나 기어 다니기 위해, 12번째 흉추에서부터 5번째 요추 사이에 '요추 만곡'이 형성된다.

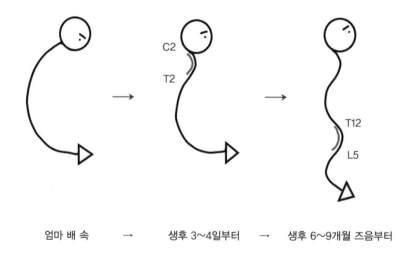

엄마 배 속 → 생후 3~4일부터 → 생후 6~9개월 즈음부터

경추 만곡과 요추 만곡의 형성 과정

해크니(P. Hackney)는 "건강한 척추는 절대 똑바로 되어 있지 않다"고 강조하였다.[12]

경추와 요추의 만곡은 세상과의 상호작용을 통해서 이미 형성되었다.

그녀는 "당신의 경추와 요추에서의 굴곡은 출생 후에 세상과의 상호작용을 하면서 이미 형성이 되었던 것이다"라고 앞의 그림을 통해 거듭 강조하고 있다. 그러니, 발레 무용수들이여! 척추를 길게 사용하겠다고 목뼈를 억지로 일자로 만들려고 애쓰지 마시고, 요추의 굴곡을 없애려고 벽에 등을 대고 기대어 엉덩이를 안으로 집어넣으면서 요추의 굴곡을 없애며 플리에(Plié) 연습을 제발 하지 마십시오!!!

어티어(A. Autere)는 "엉덩이를 안으로 집어넣는 것(tuck under)"을 "용서받지 못할 죄 (the unpardonable sin)"라고 하였습니다.[13] 자신의 몸에 "해서는 안 되는 학대(tuck under)" 를 이제 그만 멈추십시오!

• • •

12　Hackney, P. (2002). *Making Connections: Total Body Integration through Bartenieff Fundamentals*. New York, NY: Routledge, pp. 105-108.

13　Autere, A. (2013). p. 258.

셋째: 무릎 뒤 만곡(Knee Curve)

: 이렇게 요추 만곡이 형성되어 요추 주변의 근육이 활성화되면, 다음 단계로 무릎을 대고 일어나려고 한다. 이와 같은 일어서기 위한 동작의 학습 과정에서 무릎 뒤의 만곡이 형성된다.[14]

무릎 뒤의 만곡 형성 과정[15]

넷째: 발바닥 아치(Arches of the Feet)

: 이렇게 일어서는 데 성공하게 되면, 드디어 보행을 하려고 한다. 아기가 걸으려고 발끝을 떼기 위해 발바닥으로 바닥을 밀어내기(push-off) 하면서 뒤꿈치 뼈와 가장 가깝게 붙어 있는 종아리 근육들(Calf Muscles)이 강화되는데, 이러한 반복적인 학습 과정을 통하여 마지막 2차 만곡인 발바닥 아치가 형성된다.[16]

• • •

14 Myers, T. (2001). p. 118.

15 앞글, p. 293.

16 앞글, p. 118.

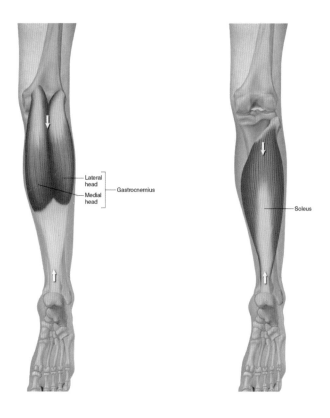

Calf Muscles[17]

이와 같이, 인체의 2차 만곡들은 인간이 출생 후 정상적인 발달과정을 통해 성장하면서 원활한 움직임을 위해 자연스럽게 형성된 것이다. 그런데, 잘못된 발레 교수법으로 인해 많은 발레 무용수들의 2차 만곡들은 점차 사라지게 되어, 심각한 부상으로까지 이어지게 된다. 발레 교육에 대한 잘못된 인식으로 언제까지 우리 몸에 이 같은 만행(蠻行)을 지속할 것인가? 인체에 관한 올바른 이해가 절실히 요구된다!

• • •

17   Calf Muscles. ⒸDr. Joe Muscolino, art by Giovanni Rimasti. 검색일 2020년 3월 7일, https://learnmuscles.com/glossary/

참고문헌

신체의 앞면. 검색일 2020년 9월 28일, https://commons.wikimedia.org/wiki/File:Human_skeleton_front_
  en.svg#/media/File:Human_skeleton_front_-_no_labels.svg

Adductors of Hips. ⓒDr. Joe Muscolino, art by Giovanni Rimasti.검색일 2020년 9월 27일, https://
  learnmuscles.com/glossary/ adductor-group-2/

Autere, A. (2013). *The Feeling Balletbody*. Pittsburgh, PA: Dorrance Publishing Co. Inc.

Calf Muscles. 검색일 2020년 3월 7일, https://learnmuscles.com/glossary/

Femoral Head and Acetabulum. 검색일 2020년 12월 30일, https://learnmuscles.com/glossary/hip-joint-2/

Flat-back Posture & Weakened Muscles. 검색일 2020년 9월 28일, https://www.pngegg.com/en/png-exray

Four Types of Postural Alignment. 검색일 2020년 8월 5일, https://www. pngegg.com/

Hackney, P. (2002). *Making Connections: Total Body Integration through Bartenieff Fundamentals*. New
  York, NY: Routledge.

Myers, T. (2001). **근막경선 해부학(3판) 자세 분석 및 치료** (Cyriax 정형의학연구회 외, 역). 서울:
  엘스비어코리아. (2014).

Plumb Line. 검색일 2020년 9월 28일, https://www.pngegg.com/ko/png-zmzme/download

Sway-back Posture & Weakened Muscles. 검색일 2020년 9월 28일, https://www.pngegg.com/en/png-
  exray

Winged Scapula. 개인 자료.

Ⅳ
Connect

1. 'Inner-Outer' vs '음양(陰陽: Yin-Yang)'

"Outer reflects Inner. Inner reflects Outer.
Movement is meaningful."[1]

라반(R. Laban)은 "인간이 움직이고자 하는 내적 욕구(inner urge)는 외적인(external) 움직임 기술 습득에 동화되어야 한다(be assimilated)."[2]라고 기술하였다. 라반이 강조하였던 이 내용은 후에 바티니에프(I. Bartenieff)가 제시한 4가지 주요 논제 중 하나인 "Inner-Outer"로 표명된다. 즉, 내적인 충동은 외면의 형태로 표현되어지며, 역으로 외적인 세계에 포함되어 있는 모든 것들은 내적 경험에 영향을 준다는 뜻인데, 해크니(P. Hackney)는 이를 "외적인 것(outer)은 내적인(inner) 것을 반영하고, 내적인 것은 외적인 것을 반영한다."라고 요약하면서, 그렇기 때문에 모든 움직임은 "의미가 있다 (meaningful)"라고 설명하고 있다.

이는 지극히 당연한 말이겠지만, 문제는, 움직임 훈련을 하는 대다수의 무용인들이나 스포츠인들이 이에 대한 인지가 부족하다는 점이다. 공연 또는 경연대회, 입시를 준비하는 무용전공 학생들과 전문 무용인들, 그리고 시합을 앞둔 스포츠인들은 자신의 몸 안에서 무슨 일이 일어나고 있는지에 대해 무관심하거나

• • •

1 Hackney, P. (2002). *Making Connections: Total Body Integration through Bartenieff Fundamentals*. New York, NY: Routledge, p. 44.

2 Bartenieff, I., & Lewis, D. (2002). *Body Movement: Coping with the Environment*. New York, NY: Routledge, p. 49.

무시, 혹은 방관한 채, 매일 매일 고된 훈련을 반복한다. 자신의 내적 감정은 거들떠볼 겨를이 없다. 반대로, 이렇게 반복되는 훈련은 과연 자신의 내적 감정에, 다시 말해, 내적인 삶(inner life)에 어떤 영향을 미치고 있는지… 알 필요도 없다! 그저 목표를 향해 돌진할 뿐이다! 이런 식으로 자신의 몸을 혹사시킨다면, 과연 얼마나 오랫동안 자신이 하고 싶은 무용, 혹은 운동을 계속할 수 있겠는가?

"Listen to Your Body!" 소매틱 움직임 수업에서 가장 많이 듣게 되는 교수자의 가이드 라인이다. 움직임 훈련을 해야 하는 무용수들은 끊임없이 자신의 내면과 대화하며, 조화로운 관계를 유지시켜, 내적인 면과 외적인 면을 연결시키는 것이 매우 중요하다는 것을 인식해야만 한다.

우리는 상대방의 표정만 보아도 그 사람의 기분이 좋은지, 혹은 나쁜지를 알 수 있다. 하물며 상대방의 움직임을 본다면 그 사람의 기분을 파악하기란 그리 어려운 일은 아닐 것이다. 반대로, 외부로부터 갑작스런 충격이 자신에게 가해진다면, 이는 분명히 자신의 내적 감정에 크게 영향을 주게 될 것이다. 이 같은 관계를 해크니는 뫼비우스 띠(Möbius strip)를 이용하여 설명하고 있다.[3]

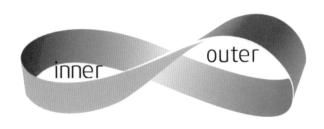

내면과 외면의 적극적 상호작용

• • •

3 Hackney, P. (2002). p. 34.

앞의 그림에서 설명하고 있듯이, 인체의 움직임은 두 가지 양면인, 내면성과
외면성의 끊임없이 이어지는 안과 밖의 적극적인 상호관계를 유지하고 있으며, 만약,
이러한 상호작용에 있어서 조금이라도 문제가 생긴다면, 원하는 움직임을 수행하는
데 있어, 기능적으로나 표현적으로 만족스럽지 못한 여러 결과들을 초래하게 된다.
이와 같이, 인체의 움직임은 내적인 면과 외적인 면의 균형적이고 조화로운 관계
속에서 존재하는데, 해크니가 제시한 뫼비우스의 띠와 동양 철학의 원리인 음양(陰陽:
Yin-Yang)의 모델은 매우 닮아 있다.

음양[4]

"사람이 태어나 몸이 있게 되면 음양(陰陽)에서 벗어나지 않는다."

「황제내경」[5] 中, '소문(素問)'

위의 글은 고대 중국의 '황제'의 명으로, 오랜 세월 동안 난립했던 한의학을 정립한
서적 중에, '황제'가 질문하고 '기백'이란 사람이 대답한 내용을 기록한 내용 즉,
'소문(素問)' 중에 실린 한 문장이다. 음양의 원리란 만물이 태어나고 소멸하는

• • •

4 음양. 검색일 2020년 10월 2일, https://pixabay.com/
5 정진명. (2015). **황제내경-소문**. 서울: 학민사.

천지(天地)의 도리로서 동양 의학에서는 이를 생명 활동의 근본 이치로 본다. 즉, 인체는 양의 기운만 중요한 것도 아니며, 음의 기운만이 중요한 것도 아니다. 또한 이 두 기운을 따로 분리시켜 생각할 수도 없으며 그 어느 한쪽만을 강조하여서도 안 된다.[6]

음(陰)이란, 한자의 의미는 '그늘', '응달', '어둠' 등으로 내부를 상징하며, 음기(陰氣)란 인체의 내부를 지키는 기운이다. 양(陽)이란, 한자의 의미는 '볕', '양지', '낮' 등으로 외부를 상징하며, 양기(陽氣)란 인체의 외부를 지키는 기운이다.[7] 이러한 음양의 양극성이 서로 적극적인 대립과 보완의 상호관계를 갖고, 긴밀하게 연관을 맺어, 가장 적절하게 조화가 이루어져야만 비로소 인간이 건강하게 존재할 수 있게 되며, 따라서, 건강한 춤이 가능하게 된다.

• • •

6 김종의. (2015). **동양의 길(道)을 걷다: 생각하는 방법의 발견**. 부산: 이경.
7 안도균. (2015). **동의보감: 양생과 치유의 인문의학**. 서울: 작은길, p. 84.

참고문헌

김종의. (2015). **동양의 길(道)을 걷다: 생각하는 방법의 발견**. 부산: 이경.

안도균. (2015). **동의보감: 양생과 치유의 인문의학**. 서울: 작은길.

음양. 검색일 2020년 10월 2일, https://pixabay.com/

정진명. (2015). **황제내경-소문**. 서울: 학민사.

Bartenieff, I., & Lewis, D. (2002). *Body Movement: Coping with the Environment*. New York, NY: Routledge.

Hackney, P. (2002). *Making Connections: Total Body Integration through Bartenieff Fundamentals*. New York, NY: Routledge.

2. 발달과정에서의 신체 연결(Connectivity)과 근막경선(Myofascial Meridians), 그리고 동양의학에서의 경락체계(經絡體系: Meridians in Oriental Medicine)

인간은 엄마 배 속에서 태어나 성장해나가는 발달과정에서, 자연 발생적으로 움직임의 기초 유형이 단계적으로 형성되어 나타난다. 제일 처음에 나타나는 발달 모형(Developmental Patterning)은 호흡이며, 이후에는 신체 부위의 연결 움직임 유형이 단계적으로 나타나는데, 엄가드 바티니에프(I. Bartenieff)는 이를 다섯 가지 기본적 신체 연결 (Connectivity)로 구분지어 설명하고 있다.[1]

첫째는, "중심－말초부 연결(Core-Distal Connectivity)"이다. 이를 바니 코헨은 (Bonnie Cohen)은 '배꼽 방사(Navel Radiation)'라 하였다.[2] 코헨은 신체의 중심을 배꼽으로 보고 있는데, 사실상, 모든 움직임 지지(support)의 시작은 자궁 속에서 이루어지며, 그 연결 선상에서 신체의 중심을 '배꼽'이라 생각하지 않았나 사료된다.

바티니에프와 코헨으로부터 사사받은 마사 에디(Martha Eddy)는 그녀의 프로그램인 다이내믹 임바디먼트(Dynamic Embodiment™)에서, 이러한 '중심－말초부 연결'을 설명할 때, 그 중심은 언제나 자궁(utero)으로부터 시작하여 응축되고(condensing), 확장됨(expanding)을 강조하며, '중심－말초부 응축과 확장(Core-Distal condensing and expanding)'이라 하였다.[3]

●●●

1 김경희. (2006). 바티니에프 기본원리. 서울: 눈빛. pp. 31–45.; Hackney, P. (2002). *Making Connections: Total body integration through Bartenieff fundamentals.* New York, NY: Routledge. pp. 67–200.

2 Cohen, B. (2012). *Sensing, Feeling, and Action: The Experiential Anatomy of Body-Mind Centering®.* Northampton, MA: Contact Editions. p. 5.

3 Eddy, M. (2012). The Ongoing Development of "Past Beginnings". *The Journal of Laban Movement Studies,* 3(1). p. 61.

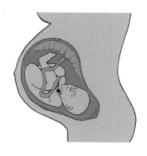

탯줄로 연결된 엄마 배 속 아기

이는 아기가 태어나기 전에 엄마의 자궁 속에서, 탯줄(navel string)로 연결되어 있었으므로 태어난 후, 즉 탯줄이 잘리고 난 후의 신체의 모든 발달과정은 배꼽부터라 해도 틀림이 없다. 왜냐하면 그 시작은 자궁이기 때문이다. 그러므로 호흡을 포함한 모든 움직임 연결 패턴의 중심은 배꼽, 혹은 자궁으로 인지하는 것이 몸통과 연결된 팔, 다리, 머리, 그리고 꼬리뼈까지, 다시말해 사지(四肢: 4 limbs)가 아닌 육지(六肢: 6 limbs)를 조화롭게 움직이기 위해 매우 중요하다.

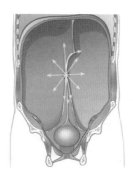

움직임 연결 패턴의 중심인 배꼽[4] (뒤에서 본 그림)

• • •

4   Myers, T. (2001). **근막경선 해부학(3판) 자세 분석 및 치료**(Cyriax 정형의학연구회 외, 역). 서울: 엘스비어코리아. (2014). p. 246.

토마스 마이어스(Thomas Myers)는 "배꼽은 잉태되어 처음 9개월 동안 모든 영양 공급원으로서, 근막뿐만 아니라 감정적 연결이 풍부한 원천이다."[5]라고 하였는데, 이와 같이 한 생명이 엄마 배 속에서 잉태되면서 배꼽은 움직임뿐 아니라 감정의 근원지로서 모든 방향으로 많은 근막과 연결되어 엄마와 긴밀하게 소통하고 있는 것이다.

해크니(P. Hackney)는 이와 같은 연결을 '중심−말초부 연결(Core-Distal Connectivity)'이라 하였다.

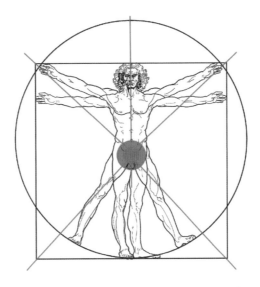

중심−말초부 연결(Core−Distal Connectivity)

이와 같은 '중심−말초부 신체 연결'은 인체의 근막(fascia)에서도 확연히 나타난다. 근막(筋膜: fascia)이라 함은 근육의 겉면을 둘러싸고 있는, 즉 근육과 피부 사이에 위치하여 온몸에 분포되어 있는 얇은 막으로, 이는 거미줄처럼 연결되어 기능적으로

• • •

5   Myers, T. (2001). p. 246.

통합된 근육 근막경선들(meridians of myofascia)을 형성한다.[6] 이러한, 근막경선들 중 특히 심부 전방선(Deep Front Line)과 나선선(Spiral Line), 그리고 상지선들(Arm Lines)이 '중심−말초부 신체 연결'과 관련이 있다고 생각된다.

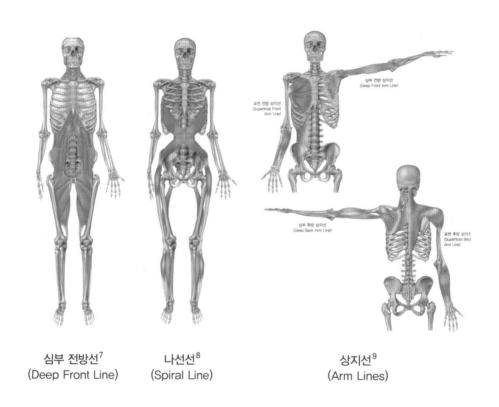

심부 전방선[7]
(Deep Front Line)

나선선[8]
(Spiral Line)

상지선[9]
(Arm Lines)

이러한 근막경선들은 동양의학의 경락체계(經絡體系: Meridians in Oriental Medicine)와 매우 밀접하게 연관되어 있다. 이에 대해 마이어스는 근육 근막경선의 연구 초기부터

• • •

6 Myers, T. (2001). p. 1.

7 앞글, p. 226.

8 앞글, p. 166.

9 앞글, p. 188.

의도적으로 동양의학에서의 경락체계와 어떠한 비교도 하지 않아, 그의 저서인 『근막경선 해부학(Anatomy Trains)』 초판에서는 동양의학에서의 경선들(meridians)을 다루지 않았으나, 이 둘 사이의 밀접한 관계는 피할 수 없다는 것을 간파하고, 아직 접해보지 않았던 동양의학에서의 경선들에 대해 더욱 집요하게 연구하였다고 한다. 이는, 지극히 당연한 논리로, 인체를 연구함에 있어, 동양의 몸과 서양의 몸은 다름이 없기 때문이다.

마이어스는 "심부 전방선은 간 경선(Liver meridian)과 일치하며, 다리 내부의 근막선은 신장 경선(Kidney meridian)과 많은 공통점을 갖는다."라고 하였다(아래 그림 참조).

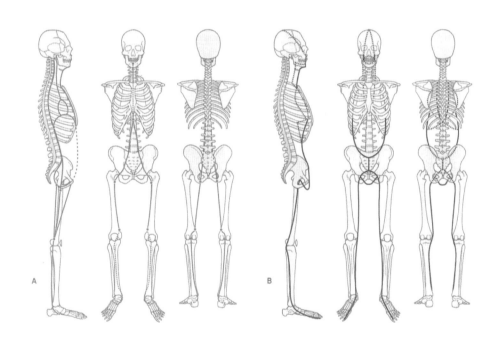

심부 전방선(Deep Front Line)   간 경선(Liver meridian)/신장 경선(Kidney meridian)[10]

• • •

10 Myers, T. (2001). p. 364.

또한, 나선선은 위장 경선(Stomach meridian)과 방광 경선(Bladder meridian)을 조합한 것과 흡사하게 보고 있다(아래 그림 참조).

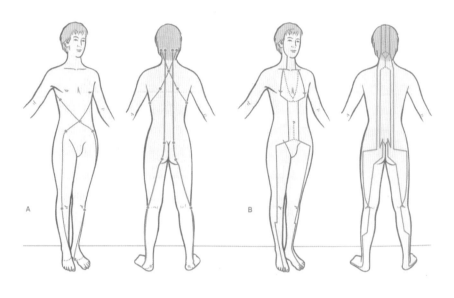

나선선(Spiral Line)   위장 경선   방광 경선[11]
(전면과 후면)   (Stomach meridian)(Bladder meridian)

표면과 심부의 전방, 그리고 표면과 심부의 후방, 즉 네 개의 상지선들은 각각 심막 경선, 폐 경선, 수소양삼초 경선, 소장 경선과 매우 밀접하게 일치하고 있음을 밝히고 있다.[12]

• • •

11   Myers, T. (2001). p. 364.
12   앞글, pp. 359-367.

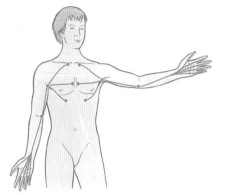

표면 전방 상지선
(Superficial Front Arm Line)

심막 경선
(Pericardium meridian)

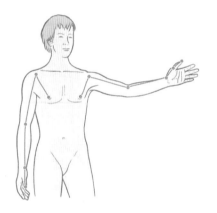

심부 전방 상지선
(Deep Front Arm Line)

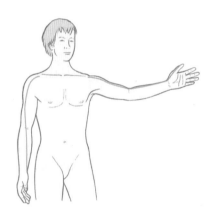

폐 경선[13]
(Lung meridian)

· · ·

13   Myers, T. (2001). p. 362.

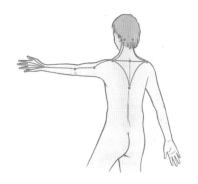

표면 후방 상지선
(Superficial Back Arm Line)

수소양삼초 경선
(Triple Energizer meridian)

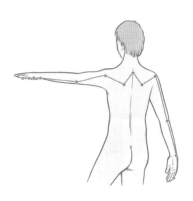

심부 후방 상지선
(Deep Back Arm Line)

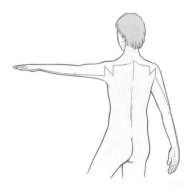

소장 경선[14]
(Small Intestine meridian)

따라서, 발달과정에서 나타나는 '중심−말초부' 신체 연결은 근막에서의 심부 전방선, 나선선, 그리고 네 개의 상지선들과 연관이 있으며, 이는 동양의학에서의 간 경선, 신장 경선, 위장 경선, 방광 경선, 심막 경선, 폐 경선, 수소양삼초 경선, 소장 경선과 매우 밀접한 연관성을 갖는다고 할 수 있겠다.

● ● ●

14   Myers, T. (2001). p. 363.

둘째는, "머리—꼬리뼈 연결(Head-Tail Connectivity)"이다. 이를 코헨은 '척추의 패턴 (Spinal Patterns)'이라 하였으며, 에디는 '머리—꼬리뼈 협응(Head-Tail Coordination)'이라 하며, 동일한 신체 움직임 연결을 각기 다른 용어를 사용하여 설명하였다.

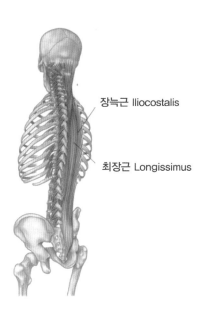

장늑근 Iliocostalis

최장근 Longissimus

표면 후방선(Superficial Back Line)[15]

사진에서 보듯이, 머리부터 꼬리뼈까지의 짧고, 긴 근육들이 연결되어 표면 후방선(Superficial Back Line)의 근막 경로를 형성하고 있다. 경추(Cervical) 7개와 흉추(Thoracic) 12개, 요추(Lumbar) 5개, 천골(Sacrum) 4~5개로 구성된 척추는 가장 깊은 속근육들로 기저를 이루며, 척추의 근육들은 척추의 중심선부터 갈비뼈 후면에 위치하고 있다. 또한, 후두의 아래쪽 근육들(후두하근: suboccipitals)은 머리와 척추의 움직임을 연결하는 표면 후방선의 기능적 중심 역할을 하게 된다.

• • •

15   Myers, T. (2001). p. 108.

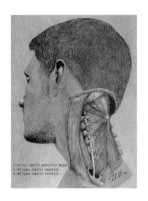

후두하근(suboccipitals)[16]

이 표면 후방선은 머리 뒤 능선 위로 계속 이어지며 머리 앞의 눈 바로 위인 눈썹에까지 연결되어 있다.[17] 마이어스는 이러한 표면 후방선이 동양의학에서의 방광 경선(Bladder meridian)과 밀접하게 일치한다고 보고 있다(아래 그림 참조).

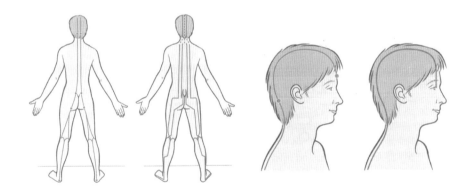

표면 후방선　　　방광 경선　　　표면 후방선　　　방광 경선[18]
(Superficial Back Line)　(Bladder meridian)　(Superficial Back Line)(Bladder meridian)

• • •

16　후두하근(suboccipitals). 검색일 2020년 10월 4일, https://commons.wikimedia.org/wiki/
　　File:Suboccipital_triangle_dissection_-_Suboccipital_triangle.png

17　Myers, T. (2001). p. 113.

18　앞글, p. 360.

해크니(P. Hackney)는 머리와 꼬리뼈 연결을 체득하고자 할 때 '8자 모양(Figure 8)'의 이미지를 상상해보라고 제안한다.[19]

그녀는 자신의 친구이자 'Skinner Releasing' 프로그램의 개발자인 조앤 스키너(Joan Skinner)의 수업에서 배운 "8자 모양(Figure 8)"의 이미지가 머리와 꼬리뼈 연결을 느끼는 데 있어 큰 도움이 되었다 한다. 그 후, 해크니는 이러한 이미지를 우리가 디디고 있는 '지구(Earth)'의 중심과 연결시키며 "8자 모양(Figure 8)"의 이미지를 확장시켜 탐구하였는데, 이 같은 이미지는 국선도의 명상 자세와도 일치한다고 볼 수 있겠다.

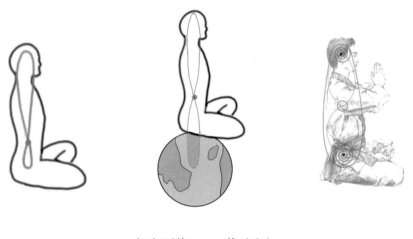

'8자 모양(Figure 8)' 이미지

그런데, 오직 '머리-꼬리뼈 연결'만을 관찰해보면, 이는 동양의학에서의 임맥(任脈)과 독맥(督脈)의 연결과 거의 완전히 일치한다고 볼 수 있겠다. 임맥과 독맥은 인체의 정중선을 흐르는 주요 경선으로 기(氣)를 원활하게 통하게 하는 중심 순환 시스템이다.

• • •

19 Hackney, P. (2002). pp. 100-101.

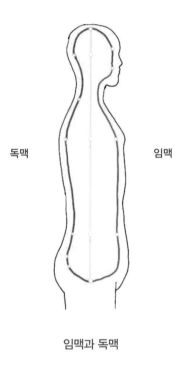

독맥　　　　　임맥

임맥과 독맥

　따라서, 발달과정에서 나타나는 '머리─꼬리뼈' 신체 연결은 근막에서의 표면 후방선에 의해 가능해지며, 이는 동양의학에서의 방광 경선과, 임맥, 그리고 독맥과 매우 밀접한 연관성을 갖는다고 할 수 있겠다.

　셋째는, "상체─하체 연결(Upper-Lower Connectivity)"이다. 이를 코헨은 '상응하는 패턴(Homologous Patterns)'이라 하였는데, 에디는 좀 더 구체적으로 '대칭적 상─하 협응(Symmetrical Upper-Lower Coordination)'으로 설명하고 있다.

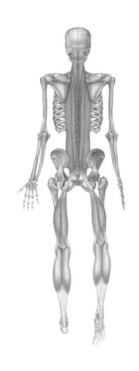
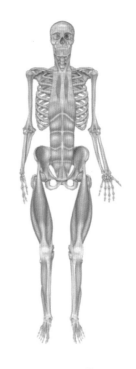

표면 후방선[20]
(Superficial Back Line)

표면 전방선[21]
(Superficial Front Line)

위의 그림에서 볼 수 있듯이, 표면 후방선(Superficial Back Line)은 아기가 태어난 후 생후 1년 동안의 발달과정에서, 머리를 들고, 기어 다니고, 앉고, 서기까지의 직립을 위한 모든 단계에서 중요한 기능을 하며, 표면 전방의 근막 경로(Superficial Front Line)로 인해 고관절을 굴곡시킴으로써 상체와 하체의 대칭적인, 혹은 상응하는 움직임 협응, 즉 연결이 가능해진다.

• • •

20   Myers, T. (2001). p. 92.
21   앞글, p. 122.

이러한 기능을 하는 표면 후방선은 동양의학에서의 '방광 경선'과 일치하며, 표면 후방 상지선은 '수소양삼초 경선'과 일치한다(앞 그림 참조). 또한, '표면 전방선'은 '위장 경선(Stomach meridian)'과 일치하며(아래 그림 참조), 표면 전방 상지선은 '심막 경선 (Pericardium meridian)'과 아주 밀접하게 일치한다(앞 그림 참조).

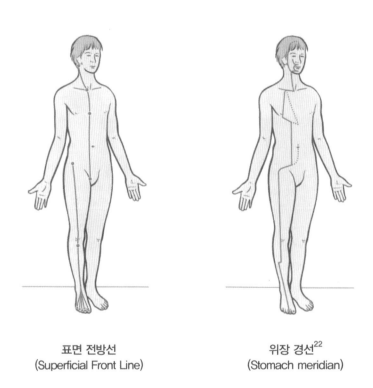

표면 전방선
(Superficial Front Line)

위장 경선[22]
(Stomach meridian)

따라서, 발달과정에서 나타나는 '상체-하체' 신체 연결은 근막에서의 표면 후방선과 표면 전방선에 의해 가능해진다고 할 수 있으며, 이는 동양의학에서의 '방광', '수소양삼초', '위장,' '심막'의 경선들과 매우 밀접하게 연관되어 있음을 알 수 있다(앞 그림 참조).

• • •

22   Myers, T. (2001). p. 361.

넷째는, "반쪽 연결(Body-Half Connectivity)"이다. 이를 코헨은 '동종 편측 패턴 (Homolateral Patterns)'이라 하였으며, 에디는 '좌—우 신체의 반쪽 협응(Right-Left Body Half Coordination)'으로 보다 구체적인 용어로 설명하였다.

신체의 반쪽 연결은 신체의 반쪽 측면이 동시에 움직이고, 이어서 반대 측면이 연결되어 움직이는 것으로, 흔히 도마뱀의 움직임에서 그 예를 찾아볼 수 있으며, 이는 아기들의 발달과정에서 확인될 수 있는 '신체의 반쪽 연결'인 것이다.

도마뱀과 아기

그러나, 이러한 신체의 반쪽 연결 움직임은 태권도의 이단 옆차기와 같은 고도의 숙련된 무술이나, 특히 발레 테크닉에서도 두드러지게 나타나는데 예를 들어, 레테레 (retiré), 데벨로뻬(développé), 그리고 푸에테 투르(fouetté tour) 등 거의 모든 기교들의 기저를 이루고 있다.

태권도의 이단 옆차기

à la seconde tour 장면

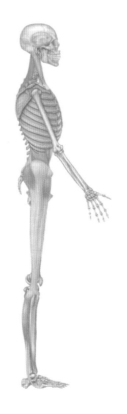

외측선(Lateral Line)[23]

근막에서 보면 특히, 신체의 반쪽 연결은 외측선(Lateral Line)에 의해 인체의 안정성 있는 측면 운동 및 회전 운동이 가능해진다. 이러한 외측선은 동양의학에서 담낭 경선(Gallbladder meridian)과 매우 밀접한 연관성이 있음을 알 수 있다(다음 그림 참조).

•••

23 Myers, T. (2001). p. 146.

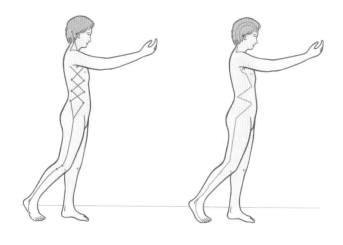

외측선(Lateral Line)　　　　담낭 경선(Gallbladder meridian)[24]

　따라서, 발달과정에서 나타나는 신체의 '반쪽 연결'은 근막에서의 외측선에 의해 가능해지며, 외측선은 동양의학에서의 '담낭 경선'과 매우 밀접하게 연관되어 있음을 알 수 있다.

　다섯째는, "교차–측면 연결(Cross-Lateral Connectivity)"이다. 이를 코헨은 '대측적 패턴 (Contralateral Patterns)'이라 하였으며, 에디는 '대측적 사분면 협응(Contralateral Quadrants Coordination)'으로 용어를 좀 더 구체화하여 발달과정에서의 움직임 체계를 설명하였다. 이는, 신체의 오른쪽, 왼쪽과 상체, 하체를 4등분으로 나누어, 그 중심을 가로지르는 대각선을 따라 한쪽 팔과 그 반대쪽 다리가 서로 교차하면서 연결하는 움직임 유형으로, 신체 발달과정 중, 가장 마지막 단계에서 나타나는 복잡한 움직임 패턴이라 할 수 있다. 이러한 움직임 연결은 기본적인 걸음에서뿐 아니라, 일상적인 움직임들에서도 흔히 볼 수 있으며, 테니스의 서브 동작 등에서도 관찰될 수 있다. 특히, 발레의 '그랑 쥐떼(grand jeté)나 그랑 쥐떼 앙 투르낭(grand jeté en tournant)' 등과

• • •

24　Myers, T. (2001). p. 361.

같은 고난도의 기술을 요하는 동작들이나, 현대무용에서의 나선형 동작에서도 흔히 찾아볼 수 있다.

테니스 서브 동작[25]

그랑 쥬떼(grand jeté)　　　　　　나선형 동작

• • •

25　테니스 서브 동작. 검색일 2020년 11월 5일, https://commons.wikimedia.org/ wiki/File:G%C3%B6kberk
_Ergeneman_Tennis_Serve.jpg#/media/File:G%C3%B6kberk_Ergeneman_Tennis_Serve.jpg

이와 같은 신체 연결 움직임은 '중심−말초부 연결(Core-Distal Connectivity)'에서와 마찬가지로, 근막에서의 나선선(Spiral Line)에 의해(앞의 사진 참조) 몸통을 안정적으로 유지시켜 팔과 다리의 좌·우 균형 있는 움직임이 가능하게 되며 또한, 몸통을 대각선으로 가로질러 반대쪽 사지에 연결함으로써 사지 운동에 부가적인 힘과 정밀성을 제공하게 된다. 이러한 나선선의 근육 근막 연속성은 동양의학에서 위장 경선(Stomach meridian)과 방광 경선(Bladder meridian)을 조합한 것과 흡사하게 보여진다 (앞의 사진 참조).

따라서, 발달과정에서 나타나는 신체의 '교차−측면 연결'은 근막에서의 나선선에 의해 가능해지며, 나선선은 동양의학에서의 '위장 경선'과 '방광 경선'을 조합한 경로와 흡사하게 연관되어 있음을 알 수 있다. 이상에서 고찰한 내용을 표로 정리하면 다음과 같다.

발달과정에서의 신체 연결(Connectivity)			근막경선 (Myofascial meridians)	동양의학에서의 경락체계 (經絡體系: Meridians in Oriental Medicine)
바티니에프 (I. Bartenieff)	코헨 (B. Cohen)	에디 (M. Eddy)		
Core-Distal Connectivity	Navel Radiation	Core-Distal condensing and expanding	• 심부 전방선, • 나선선, • 네 개의 상지선들	• 간 경선 • 신장 경선 • 위장 경선 • 방광 경선 • 심막 경선 • 폐 경선 • 수소양삼초 경선 • 소장 경선
Head-Tail Connectivity	Spinal Patterns	Head-Tail Coordination	• 표면 후방선	• 방광 경선, • 임맥과 독맥
Upper-Lower Connectivity	Homologous Patterns	Symmetrical Upper-Lower Coordination	• 표면 후방선, • 표면 전방선	• 방광 경선 • 수소양삼초 경선 • 위장 경선 • 심막 경선
Body-Half Connectivity	Homolateral Patterns	Right-Left Body Half Coordination	• 외측선	• 담낭 경선
Cross-Lateral Connectivity	Contralateral Patterns	Contralateral Quadrants Coordination	• 나선선	• 위장 경선 • 방광 경선

이와 같이, 발달과정에서 나타나는 신체 움직임의 연결은 근육들에 의해, 그리고 그 근육들을 둘러싸고 있는 근막의 경선들에 의해 가능해지며, 이러한 근막의 경선들은 내장기관의 경선의 흐름, 즉 기(氣) 흐름과 매우 밀접하게 연관되어 있음을 알 수 있다.

우리는 가끔 이런 말을 듣게 된다. "아휴! 기가 막혀 죽겠어!" 맞는 말이다. 기(氣)가 막히면 죽게 된다. 죽으면 움직이지 못한다! 내장기관의 기(氣) 흐름이 순조롭고, 원활하게 흘러야, 근막도 그 경로를 따라 기능을 제대로 할 수 있게 되는 것이다. 그런데, 인체 내의 기(氣) 흐름은 오직 마음(心)에 의해 움직인다는 것을 인지해야 한다.[26] 우리의 마음, 즉 감정과 내장기관과의 깊은 연관성은 우리가 간과해서는 안 될 중요한 인식의 대상이라는 점 또한 깊이 깨달아야 한다.

• • •

26 정진명. (2015). **황제내경-소문**. 서울: 학민사.

참고문헌

김경희. (2006). **바티니에프 기본원리**. 서울: 눈빛.

정진명. (2015). **황제내경-소문**. 서울: 학민사.

테니스 서브 동작. 검색일 2020년 11월 5일, https://commons.wikimedia.org/wiki/File:G%C3%B6kberk_
Ergeneman_Tennis_Serve.jpg#/media/File:G%C3%B6kberk_Ergeneman_Tennis_Serve.jpg

후두하근(suboccipitals). 검색일 2020년 10월 4일, https://commons.wikimedia.org/wiki/File:Suboccipital_
triangle_dissection_-_Suboccipital_triangle.png

Cohen, B. (2012). *Sensing, Feeling, and Action: The Experiential Anatomy of Body-Mind Centering®*.
Northampton, MA: Contact Editions.

Eddy, M. (2012). The Ongoing Development of "Past Beginnings". *The Journal of Laban Movement Studies*,
3(1), 54-79.

Hackney, P. (2002). *Making Connections: Total body integration through Bartenieff fundamentals*. New York,
NY: Routledge.

Myers, T. (2001). **근막경선 해부학(3판) 자세 분석 및 치료** (Cyriax 정형의학연구회 외, 역). 서울:
엘스비어코리아. (2014).

Ⅴ

Expect

1. '우연' vs '바람'

『바라는 대로 이루어진다』는 '심신의학(Mind-Body Medicine)'의 창시자로 널리 알려진 디팩 초프라(Deepak Chopra)의 저서 『The Spontaneous Fulfillment of Desire』의 번역본이다. 디팩 초프라는, 인도 태생의 내분비학자였으나, 인도의 전통 치유과학인 아유르베다(Ayurveda)에 관심을 갖고 연구하면서, 아유르베다와 현대의학을 접목시키며 대체의학에 몰두하였다. 그는 '양자(量子: Quantum)' 이론을 빌려 자신의 주장을 입증하는 데 사용하고 있다고 비판을 받기도 하였지만, 독창적인 그의 이론은 아직까지도 많은 사람들에게 영감을 주고 있다.

그의 또 다른 저서 『마음의 기적』은 『Creating Health』의 번역본으로, 이 책에서도 초프라는 그만의 독특한 마음 수련법을 설파하고 있다. 그는 자신의 저서뿐 아니라, 무수한 강연에서, 우리 주변에서 일어나고 있는 '우연의 일치'를 무시하지 말고 집중하라고 강조한다. 그는 "우연의 일치는 우주의 의도를 보여주는 단서다."[1]라고 하였으며, "세상에 의미 없는 우연의 일치는 없다."[2]라고 강조하였다.

자신에게 반복적으로 일어나는 우연의 일치는, 아마도 무의식에 저장된 자신의 잠재력, 혹은 매 순간 자신이 가야 할 방향을 제시하며 안내해주는 암시적 메시지가 아닌가? 라는 생각이 든다. 자신이 이렇게 살고 있는 것이 이미 의도된, 계획된 일이었을까? 아니면 자신이 그토록 원했던(바랬던) 일이었던가? 지나온 세월을

• • •

1 Chopra, D. (1995). **마음의 기적**(도솔, 역). 서울: 부엉이. 2014. p. 122.
2 앞글, p. 15.

돌이켜보면, 이미 오래전부터 계획된 것 같기도 하고, 아니면 이것이 진심으로 내가 원했었던 것 같기도 하고…

그러나 지금 내가 후회하지 않고 있는 것으로 짐작하건대, 이것이 '내가 간절히 바라고 있었던 일이 아닐까'라는 생각이 든다. 우연의 한자는 '偶然'이다. 짝 '우(偶)'에, 그럴 '연(然)'이다. 즉, '뜻밖에 저절로 되는 일'이라는 의미인데, 우리의 인생이 어떻게 '뜻밖에 저절로' 되었겠는가! 이는 아마도 불교에서의 '인과(因果)' 다시 말해, 원인이 있기에 결과가 따른다는 이치인데, 원인을 만드는 주체는 자신의 의지이므로 모든 결과는 자신에게 돌아오기 마련인 것이다. 그렇다면, 내가 내 인생을, 자신이 자신의 운명을 만들어가는 것이다. 그러니, 자신이 자신의 운명을 만들어 가는 잠재력이 있다고 믿고, 정성을 다해 공(功)을 들이며, 바래야 한다(expect)! 그렇게 해야 바라는 일, 소망하는 일이 가능해질 기회가 더 생기지 않을까? 라는 생각이 든다. 기회가 생겼을 때 사람들은 이를 '기적'이라 할 수도 있겠지만, 아마도, 이는 공들여 바랬기 때문이 아닐까? 그렇다! 우연이 아니었다. 그것은 '바람'이었던 것이다. 무슨 노래가사의 첫줄 같지만, 사실이 그렇지 않은가???

우리나라 옛 속담에 "지성(至誠)이면 감천(感天)이다."라는 말이 있다. 정성(精誠)이 지극(至極)하면 하늘이 감동(感動)한다는 말인데, 정성을 다하면 아주 어려운 일도 순조롭게 잘 풀리어 좋은 결과를 맺는다는 의미이다. 또 다른 우리나라 속담으로 "정성이 지극하면 돌 위에 풀이 난다."도 있으며, 중국 속담으로는 '우공이산 (愚公移山)'이 있다. 이는 어리석어 보이는 일일지라도 끊임없이 노력하면 옥황상제를 감동시켜 산(山)을 옮길 수 있다는 중국의 옛이야기이다.

이외에도, '사석위호(射石爲虎)'라는 사자성어도 있는데, 이는 돌을 호랑이인 줄 알고 쏘았더니 돌에 화살이 꽂혔다는 이야기로, 이 역시 정성이 지극하면 쇠와 돌도 열리게 할 수 있다는 의미로 이해된다.

우공이산(愚公移山)

『믿는 대로 된다. 긍정의 힘』은 조엘 오스틴(Joel Osteen)의 저서 『Your Best Life Now』의 번역본이다. 그는 미국 태생의, '웃는 목사(Smiling Preacher)'란 별명을 가진 자로, 인간의 긍정적인 믿음의 힘을 설파한다. 그는 마음속에 내재된 자신의 긍정적 '믿음', '생각', 그리고 '말의 힘'을 "극한까지 발휘하여 최선의 삶을 살아내자!"라고 그의 책 서문에서 강조한다.

"바라는 대로"와 "믿는 대로"는 다를 바 없다. "지극 정성"과 "극한까지 발휘하여" 역시 다를 바 없다. 아인슈타인(Albert Einstein)은 이렇게 말한다.

"Imagination is everything.

It is the preview of Life's coming attractions." [3]

• • •

3 Einstein, A. 검색일 2020년 10월 20일, https://www.brainyquote.com/quotes/albe rt_einstein_384440

상상(想像)의 세계는 다가올 인생의 예고편인 것이다. 'Imagine'은 한국말로 '상상하다'이지만, 이외에도 여러 가지 의미가 있다. '(마음 속으로) 그리다', '(사실이 아닌 것을 사실이라고) 믿다', '(무엇이 사실일지도 모른다고) 생각하다, 여기다' 등이 있다. 'Expect'는 한국말로 '기대하다'이지만, 이외에도, '바라다', '예상하다', '요구하다', '(아마…일 것이라고)생각하다' 등이다. '생각'이 현실이 되는 것이다. 성경 말씀이 떠오른다.

> "구하라 그러면 얻을 것이요, 두드리라 그러면 열릴 것이요,
> 찾으라 그러면 발견할 것이다."[4]

우리는 무엇을 바라고, 무엇을 생각하고, 무엇을 구할 것인가? 그러면, 또 어떻게, 어느 정도로 해야 하는가? 하늘이 감동할 정도로 '간절히', '지극히 성실하게' 해야 한다. 그렇다면, 어떤 마음으로 해야 하는가?가 중요하다. 개인의 욕심을 채우기 위한 마음으로? 혹은, 남을 해칠 생각으로 한다면 이루어질 수 있겠는가? 반드시 '바르고 선한 마음'으로 해야 하는데, 그러면 바르고 선한 마음으로 어떻게 해야 하는가? 바로 '몸'이다. 몸으로 실천해야 하는 것이다! 몸 상태의 반영이 생각이다. 다시 말해, 생각이 곧 몸의 상태이며, 몸의 언어가 생각이다.[5] 즉, 생각이 '몸'이다.

생각은 순우리말이다. 그 의미는 '사고(思考)', '사색(思索)', '의도(意圖)', '상상(想像)', '의지(意志)', 그리고 '마음' 등이다. 그러므로 생각이 마음이며, 마음이 몸이라고 하는 데 있어, 이견이 있을 수 없다. 여기에서, 생각을 뜻하는 한자어인 사(思), 의(意), 상(想), 지(志)를 살펴보면, 생각 '사(思)', 뜻 '의(意)', 생각 '상(想)', 뜻 '지(志)'는 모두 마음 심(心)을 부수로 갖고 있다. '心'자는 '마음'이나 '생각'이란 의미도 있지만, 인체 내장기관 중

• • •

4 성경. (마태복음, 7장 7절).
5 이찬수. (2015). 몸과 마음, 그리고 '나'. 원광대학교 마음인문학연구소, **마음의 세계** (pp. 57-67). 경기도, 고양시: 공동체.

하나인 심장(心臟)이라는 뜻도 있다. 모든 한자가 상형문자이듯이, '心'은 사람이나 동물의 심장을 그린 문자이다. 옛날 갑골문에는 심장을 간략하게 '♡', 그렸다고 한다 (아래 그림 참조).

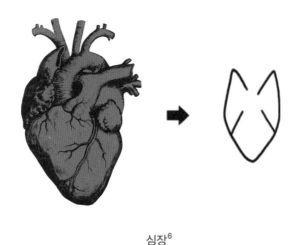

심장[6]

옛날 사람들은 이러한 심장이 신체의 한 가운데에 있으므로, '心'자는 '중심(中心)' 이라는 뜻도 있으며, 사람의 '근본', '본성'이라는 의미도 내포한다고 하였다. 또한, 옛사람들은 감정과 관련된 모든 기능은 '심장'이 하는 것으로 여겼기 때문에 마음이나 감정, 그리고 생각에 관련된 의미의 글자에 '心' 자를 부수로 사용하였다. '심신일여 (心身一如)'란 말도 이 때문이지 아닐까? 라는 생각이 든다.

• • •

6 심장. 검색일 2021년 2월 4일, https://www.pngegg.com/en/search?q=heart

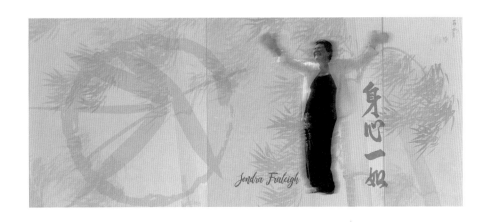

Sondra Fraleigh가 심신일여를 강조하고 있는 사진[7]

　'심신일여(心身一如)'란 동양의학에서 몸과 마음을 하나라고 생각하는 동양철학이다. 위의 사진은 'Eastwest Somatics' 연구소를 설립한 산드라 프렐라이(Sondra Fraleigh)가 강조하고 있는 철학이다. 그녀는 펠든크라이스(Feldenkrais® Method)의 프랙티셔너(Practitioner)로서, 일본의 부토 댄스와 요가, 선 명상(Zen Meditation)을 체득하여 그녀 나름대로의 독특한 통합적 소매틱 움직임 교육/치료를 하고 있는 미국의 소매틱 움직임 연구자이다. 그녀는 서양인임에도 움직임 교육에서 몸과 마음이 하나임을 강조하고 있다. 그런데, 동양인인 우리가 이를 몰라서 되겠는가? 어찌 되었든, 바르고 선한 마음(생각)으로 몸/마음을 지극정성으로 극한까지 발휘하여 바래야 하지 않을까! 일반 사람들도 이렇게 살아야 할진데 하물며, 무용을 하겠다는 사람이 혹은 무용을 가르치겠다는 사람이 이를 몰라서 되겠는가?

• • •

7　Sondra Fraleigh. 검색일 2020년 10월 12일, https://www.eastwestsomatics.com/

참고문헌

성경. 마태복음, 7장 7절.

심장. 검색일 2021년 2월 4일, https://www.pngegg.com/en/search?q=heart

이찬수. (2015). 몸과 마음, 그리고 '나'. 원광대학교 마음인문학연구소, **마음의 세계** (pp. 57–67). 경기도,
　　고양시: 공동체.

Chopra, D. (1998). **바라는 대로 이루어진다** (도솔, 역). 서울: 부엉이. 2013.

Chopra, D. (1995). **마음의 기적** (도솔, 역). 서울: 부엉이. 2014.

Einstein, A. 검색일 2020년 10월 20일, https://www.brainyquote.com/quotes/albert_einstein_384440

Sondra Fraleigh. 검색일 2020년 10월 12일, https://www.eastwestsomatics.com/

2. 정심(正心): 칠정(七情)과 다섯 가지 마음(오지:五志), 그리고 다섯 가지 덕목(오덕:五德)

그렇다면 바르고 선한 마음은 무엇인가?

우리 민족 고유의 정통적인 심신 수련법으로, 선조들의 지혜가 수천 년에 걸쳐 체계화되어 전해 내려온 「국선도(國仚道)」에서의 첫 번째 가르침은 '정심(正心)'이다. 이는 "하늘의 뜻에 순응하는 참되고 올바른 마음" 즉, 정심(正心)으로 사물을 올바르게 보며(정시: 正視), 참된 진리를 깨닫고(정각: 正覺), 올바른 길(정도: 正道)로, 주저함이 없이 바르게 나아가라(정행: 正行)는 가르침이다.[1]

'정(正)'은 하나(一)밖에 없는 길에서 잠시 멈추어서(止) 살핀다는 뜻을 합친 글자로 '바르다'의 의미를 내포한다. 그렇다면 바른 마음, '정심(正心)'에 도달하기 위해서는 어떻게 해야 하는가? 그 시작은 '마음(心)'이다. 무엇을 하기 위한 실체인 '마음'이 있어야 바르게 하든지 혹은, 말든지 할 것이 아닌가?

몸과 마음의 상호 소통을 자연과 인간의 상응 관계로 설명하고 있는 '도교(道教) 사상(Taoism)'에서는 마음을 "오장(五臟)과 관련된 칠정(七情)과 오지(五志)를 활용함으로써 몸을 통한 정신 활동의 표현"[2]이라 하였으며, '유교(儒教) 사상 (Confucianism)'에서는 올바른 심성(心性)에 도달하기 위해서는 칠정(七情)과 오지(五志)의

• • •

1 허경무. (2000). **국선도 강해**. 서울: 밝문화연구소, pp. 17-21.
2 김재효. (2015). 심신의학으로서의 한의학. 원광대학교 마음인문학연구소, **마음의 세계** (pp. 139-146). 경기도, 고양시: 공동체, p. 141.

과도함이 없도록 조절하는 것이 중요하다고 강조하고 있다.[3]

　도교 사상과 유교 사상에 입각하여 마음에 관련된 철학적 사유를 공유하며 의학적으로 발전시킨 동양의학에서는 마음을 동양의 우주관인 오행(五行) 즉, 목(木: Wood), 화(火: Fire), 토(土: Earth), 금(金: Metal), 수(水: Water)의 운동의 힘에 연관된 우리 몸 안의 다섯 장부에 연결시켜 이해하였다.

　이 다섯 장부에 내재되어 있는 각기 다른 성질이 바깥 세계의 자극에 반응하여 나타나는 정(情)을 일곱 가지 감정 즉, 칠정(七情)으로 분류하여 설명하고 있는데, 이 일곱 가지 감정은 화내고(노: 怒), 기뻐하고(희: 喜), 생각하고(사: 思), 근심하고(우; 憂), 슬퍼하고(비: 悲), 놀라고(경: 驚), 두려워하는(공: 恐)이다.

　노(怒: Anger)는 목(木) 성질의 '간장(肝臟)'에, 희(喜: Joy)는 화(火) 성질의 '심장(心臟)'에, 사(思: Thought, Anxiety)는 토(土) 성질의 '비장(脾臟)'에, 우(憂: Worry)와 비(悲: Grief)는 금(金) 성질의 '폐장 (肺臟)'에, 경(驚: Shock)과 공(恐: Fear)은 수(水) 성질의 '신장(腎臟)'에 연결되어 있다고 보고 있다. 이러한 일곱 가지 감정이 절대 지나치지 않도록 조절하는 것이 매우 중요하며, 그렇게 하여야 '정심(正心)'으로 좀 더 가까이 갈 수 있지 않을까 생각된다. 조선시대의 질병 치료와 건강증진법에 대해 기술한 당대 최고의 의서(醫書)인 「양성서(養性書)」에서도 지나친 감정이 지(志)를 상하게 한다고 하였으니[4] 지(志) 즉, '뜻' 혹은 '마음'을 보존하기 위해서는 감정 조절이 절대적으로 필요한 것이다.

　동양의학에서는 감정뿐 아니라, 정신적 실체 혹은 정신 작용을 다섯 가지 마음 즉, 오지(五志)로 구분하고 있다. 오지(五志)란, 혼(魂), 신(神), 의(意), 백(魄), 지(志)를 말하며, 혼(魂)은 간장에, 신(神)은 심장에, 의(意)는 비장에, 백(魄)은 폐장에, 지(志)는 신장에 저장되어 있다고 본다. 이러한 다섯 가지 마음(정신)은 서로 다른 기능으로

• • •

3　앞글, p. 144.
4　안도균. (2015). **동의보감: 양생과 치유의 인문의학**. 서울: 작은길, p. 43.

인체의 정신 활동 즉, 마음을 살피는 관점을 보다 구체적으로 설명하고 있다.

혼(魂)

첫째, '혼(魂)'이란 "넋(정신이나 마음), 마음, 생각" 등의 의미를 지닌 한자로, 귀신이란 뜻의 '귀(鬼)' 자와 구름이란 뜻의 '운(云)'이 합쳐진 글자이다. 옛사람들은 사람이 죽으면 혼(魂)은 하늘로 올라간다고 믿었기 때문에, 구름의 형상을 그린 '운(云)' 자를 '귀(鬼)' 자와 결합하여, 하늘을 떠도는 영혼을 표현하였다.

진정한 정신력은 사람의 영혼으로부터 나온다. 따라서, 혼(魂)은 '정신'이나 '마음'을 의미하며, 인간 내면의 무의식 상태를 의식 상태로 끌어올리는 충동적 성향의 정신 활동을 의미한다.[5] 그렇기 때문에, 인체의 장기 중에서 젊고 활기찬, 추동력이 있는 '간장(肝臟: Liver)'에 '혼(魂)'이 저장되어 있다고 보는 것이 아닌가 생각된다.

• • •

5   김재효. (2015). p. 144.

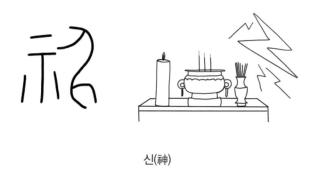

신(神)

둘째, '신(神)'이란 "귀신(鬼神), 신령(神靈), 정신(精神), 혼(魂), 마음" 등의 의미를 지닌 한자로, 보인다는 뜻의 '시(示)' 자와 펼친다는 뜻의 '신(申)' 자가 합쳐진 글자이다. '시(示)' 자는 신에게 제사를 지낼 때 제물을 올려놓는 제단을 그린 것으로, 신에게 제사를 지내면 운이 좋고 나쁨이 보인다라는 의미를 내포하고 있다. '신(申)' 자는 번개가 내리치는 모습을 그린 것으로, 옛사람들은 번개는 신(God)과 관련된 것으로 생각하여, 신(申) 자를 '하늘의 신(God)'이란 의미로 사용하였다. 그러나 후에 '신(申)' 자에 '펴다'라는 의미가 더해지면서, '신(神)'은 천체의 여러 가지 변화를 일으키는 '신(God)' 혹은 '신(God)의 행위'라는 의미와 함께, "인체에서 일어나는 모든 사유, 감정, 정서 등의 흐름"[6]을 주관하는 전반적인 정신 활동을 내포한다. 그렇기 때문에, 인체의 장기 중에서 유통시키고 퍼뜨리는 즉, 산포(散布)하려는 성질이 있는 '심장(心臟: Heart)'과 '신(神)'을 연결시켜 이해하지 않았나 생각된다.

• • •

6 안도균. (2015). pp. 173-174.

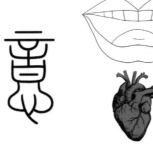

의(意)

셋째, '의(意)'란 "뜻, 의미, 생각, 사사로운 마음" 등의 의미를 지닌 한자로, 소리 '음(音)' 자와 마음 '심(心)' 자가 합쳐진 글자로, '마음에서 우러나오는 소리'라는 의미를 담고 있다. 옛사람들은 생각은 머리가 아닌 마음으로 하는 것으로 믿었기 때문에, '의(意)' 자는 이러한 인식이 반영되어, '마음', '생각'의 의미로 사용되었으며, 충동을 받아 일어나는 정신적 현상을 '의식화'하는 정신 활동을 의미한다.[7]

'의(意)'는 인체의 '비장(脾臟: Spleen)'에 저장되어 있다고 하는데, 이는 아마도 비장이 가지고 있는 '운화(運化)' 작용 때문이지 않나 하는 생각이 든다. '운화(運化)'란 글자 그대로 "음식물이 운송(運)되고 변화(化)한다."[8]라는 뜻으로, 마음에서 우러나오는 소리를 '의식화'하고자 하는 '의(意)'의 정신 활동과 맞닿아 있다고 사료된다.

넷째, '백(魄)'이란, "넋(정신이나 마음), 몸" 등의 의미를 지닌 한자로 귀신이란 뜻의 '귀(鬼)' 자와 소리를 나타내는 '백(白)' 자가 합쳐진 글자이다. 앞서, 사람이 죽으면 하늘로 올라간다는 '영혼'을 의미하는 '혼(魂)'과는 달리, 옛사람들은 '백(魄)'은 사람이 죽어 땅에 머무는 것으로 생각하였다(앞 그림 참조). 그 의미를 '혼(魂)'과 비교하여

• • •

7   김재효. (2015). p. 145.
8   안도균. (2015). p. 187.

살펴보면, '혼(魂)'은 하늘에 올라간 '몸의 마음'이고, '백(魄)'은 지상에 머무는 '몸의 마음'이 아닌가 라는 생각을 하게 된다.

또한 '백(魄)'은 정신 활동의 무분별한 충동을 적당 수준으로 억제하여 의식을 무의식으로 끌어내리는 정신 작용을 한다.[9] 이러한 정신 활동이 인체의 폐장(肺藏: Lung)과 관련이 있다고 보는데, 이는 기운이 흩어지지 않도록 보호와 방어를 하는 덮개 역할과 숙강(肅降) 작용[10] 즉, '정돈하고 가지런히 하여 아래로 내려보내는' 폐장의 기능과 연관이 있기 때문이라 사료된다.

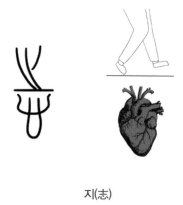

지(志)

다섯째, '지(志)'란 "뜻, 마음, 본심(本心), 사사로운 생각, 감정(感情)"이란 의미 이외에 "뜻하다, 뜻을 두다, 알다, 기억(記憶)하다" 등의 의미를 지닌 한자로, 선비란 뜻의 '사(士)'와 마음이란 뜻의 '심(心)'이 합쳐진 글자이다. 그러나 고대의 문자에서는 '간다'의 뜻을 지닌 '지(之)'와 '심(心)'이 결합 된 것으로 "가고자(之) 하는 마음(心)" 즉,

• • •

9   김재효. (2015). p. 145.

10   안도균. (2015). pp. 192-199.

자기 뜻을 실천한다는 '의지'를 뜻하는 글자였으나, 이후에 '지(之)' 자가 '사(士)'로 잘못 옮겨졌다고 한다.[11]

이러한 '지(志)'는 의식을 정화하여 정화된 의식을 다시 무의식으로 전환하여 몸에 기억시키는 정신 활동으로 해석되며,[12] 인체의 신장(腎臟: Kidney)과 관련이 있다고 본다. 신장(腎臟: Kidney)은 부모로부터 물려받은 선천적 정기(精氣)가 담겨 있는 기관으로, 생명의 에너지를 닫아두고 저장하려는 납기(納氣)의 특성이 있으며, 이러한 특성으로 태생적 원동력을 우리의 몸에 기억시킨다.[13] 그렇기 때문에, '지(志)'를 신장에 배속시키지 않았나 생각된다.

이상의 다섯 가지 마음(오지: 五志) 역시 지나치지도 않고, 부족함이 없이 조화롭게 움직여야 하는 것이다. 그런데, 이 다섯 가지 마음은 인간이 갖추어야 하는 다섯 가지 덕목(德目)에 맞게 행해져야 하는데, 이를 '오덕(五德)' 또는 '오상(五常)'이라 한다. 유교(儒敎) 사상에서의 도덕 이념인 다섯 가지 덕목이란, "하늘이 인간에게 부여한 본성"[14]으로 인(仁), 의(義), 예(禮), 지(智), 신(信)을 말하며, 이들 역시 오행(五行)의 속성에 맞게 배속시켰다.

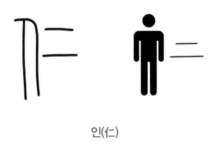

인(仁)

• • •

11 지(志). 검색일 2020년 10월 2일, http://hanja.dict.naver.com
12 김재효. (2015). p. 145.
13 안도균. (2015). p. 210.
14 이기동. (2016). **유교**. 서울: 전통문화연구회.

첫째, '인(仁)'이란 "어질다, 자애롭다, 사랑하다, 어진 마음, 박애(博愛)" 등의
의미를 지닌 한자로, 사람 '인(人)' 자와 둘이란 뜻의 '이(二)' 자가 합쳐진 글자이다.
본래, '인(仁)' 자는 두 사람이 친하게 지냄을 뜻했던 글자였으나, 후에 공자(孔子)는
유교의 도덕 이념에서 "자기에게는 엄하지만, 남에게는 어질게 하는 정신을 인(仁)"
이라고 설파하며, '인(仁)'을 도덕의 중심 혹은 기본으로 삼았다. 이러한, 모든 덕(德)의
기본이 되는 '인(仁)'을 오행 중의 '목(木)'에 배속시켰는데, 이는 아마도 나무가 지닌
성질 즉, 땅에 뿌리를 박고 나뭇가지를 뻗어 잎사귀를 펼치는 나무의 특성과 연관이
있다고 사료된다.

자신에게 엄하게 할 수 있는 곧은 성품만이 어디에서든 뿌리를 내릴 수 있으며,
뿌리를 내린 나무가 가지를 쭉 뻗어나갈 수 있게 하는 원동력은 모든 사람들을 널리
평등하게 사랑하는 '박애(博愛)' 즉, '어진 사랑'의 힘이지 않을까? 라는 생각이 든다.
이렇게, 나무가 내어주는 '어진 사랑'의 덕으로 인간들은 그 나무에 기대고, 의지하며,
때론 그 잎사위 그늘 아래에서 쉴 수도 있게 되는 것이다.

의(義)

둘째, '의(義)'란 "옳다, 의롭다, 바르다" 등의 의미를 지닌 한자로, '나' 자신을 뜻하는 '아(我)' 자와 '양(sheep)'을 뜻하는 '양(羊)' 자가 합쳐진 글자이다. 그 의미에 따른 견해는 두 가지인데, 하나는 양(羊)처럼 착하고 의리있게 마음을 쓰라는 뜻과 또 하나는, 종족 내부의 결속을 다지기 위해 창 위에 양 머리를 꽂아 권위를 상징하는 뜻이었으나, 그 후에 '옳다', '의롭다' 등의 의미를 갖게 되었다고 한다.

'의(義)'는 사람으로 지켜야 할 떳떳하고 정당(正當)한 도리로서, 오행 중의 '금(金)'에 배속시켰는데, 이는 아마도 '의로움'이란 강인하고 냉정한 성품[15]에서 나오는 것으로 '금(金)'의 굳센 특성과 닮아 있기 때문이지 않나(?) 사료된다.

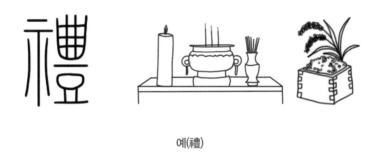

예(禮)

셋째, '예(禮)'란 "예도(禮度), 예절(禮節), 남에게 공경하는 뜻으로 몸을 굽히며 하는 인사, 의식" 등의 의미를 지닌 한자로, 보인다는 뜻의 '시(示)' 자와 예도를 뜻하는 '례(豊)' 자가 합쳐진 글자이다. '례(豊)' 자는 수확한 곡식을 그릇에 가득 담은 모습을 그린 글자로, '예도'라는 뜻을 갖고 있었으나, 후에 '풍성하다', '풍부하다'라는 의미로 사용되었다 한다.

• • •

15   안도균. (2015). p. 128.

옛날부터 제사를 지낼 때는 음식을 풍성하게 차려놓고 예의를 다하였다고 하는데, 유교 사상에서는 '예(禮)'를 "밖으로 높이 성장하여 높고 낮음의 서열과 오른쪽과 왼쪽의 구별을 분명히 하여 하늘의 이상을 실현하는 덕목"이라 하였다. 이 '예(禮)'를 오행 중의 '화(火)'에 배속시켰는데, 이는 예(禮)의 덕목이 '화(火)'의 성질인, 불길이 솟아올라 넓게 비추려는 특성과 닮아 있기 때문이라 사료된다.

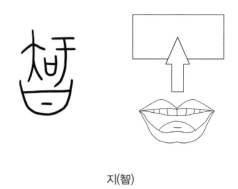

지(智)

넷째, '지(智)'란 "슬기, 지혜, 재능" 등의 의미를 지닌 한자로, 세상을 두루 밝게 안다는 뜻의 '해(Sun)'를 나타내는 '일(日)' 자와 안다는 뜻의 '지(知)' 자가 합쳐진 글자이다. 그러나 또 다른 견해로는, '일(日)' 자가 아니라, 말씀을 뜻하는 '왈(曰)' 자가 합쳐진 것으로 "말을 잘 하려면 지식이나 지혜가 있어야 하며" 따라서 '지(智)' 자는 아는 것이 많아 즉, 지혜로워, 말함에 거침이 없이 흘러야 한다는 뜻으로도 해석된다. 따라서, '지혜로움'은 냉철하면서도 깊은 내면으로 스며들어 유연해야 한다.

이는 차갑게 얼어붙은 강물 아래로 흐르는 물의 이미지를 연상시키는데 그렇기 때문에, '지(智)'를 오행 중의 '수(水)'에 배속시키지 않았나? 라는 생각이 든다.

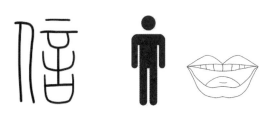

신(信)

다섯째, '신(信)'이란 "믿다, 신임하다, 신뢰하다" 등의 의미를 지닌 한자로, 사람을 뜻하는 '인(人)' 자와 말씀을 뜻하는 '언(言)' 자가 합쳐진 글자이다. 그러나 '신(信)' 자가 이와 같이 사용되기 전에는 '언(言)' 자가 아닌, 입을 뜻하는 '구(口)' 자와 '인(人)' 자가 결합하여 쓰여졌으나, 이후 '신(信)' 자로 바뀌게 되면서, 사람의 '입'으로 하는 '말'은 거짓이 없고 믿을 수 있어야 한다는 본래의 의미가 더욱 명확하게 되었다고 한다.

이러한 의미의 '신(信)'은 오행 중의 '토(土)'에 배속되어 있는데, 이는 아마도 땅은 거짓이 없기 때문이지 않을까? 라는 생각이 든다. 옛말에도 "콩 심은 데 콩 나고, 팥 심은 데 팥이 난다."라고 하지 않았던가? 땅은 거짓말을 하지 않는다! 그렇기 때문에, 우리 본성 중의 중요한 덕목인 '신(信)'과 '토(土)'를 연관지어 생각할 수 있게 된다.

이상에서, "하늘의 뜻에 순응하는 참되고 올바른 마음" 즉, '정심(正心)'을 이해하기 위해 동양의 우주관인 오행(五行)에 배속된 칠정(七情)과 다섯 가지 마음(오지: 五志), 그리고 다섯 가지 덕목(오덕: 五德)을 살펴보았다. 이를 정리하여 보면 다음 표와 같다.

오행(五行)	오장(五臟)	칠정(七情)	다섯 가지 마음 (오지: 五志)	다섯 가지 덕목 (오덕: 五德)
목 (木: Wood)	간장 (肝臟: Liver)	노(怒): 화를 내다 [Anger]	혼(魂)	인(仁)
화 (火: Fire)	심장 (心臟: Heart)	희(喜): 기뻐하다 [Joy]	신(神)	예(禮)
토 (土: Earth)	비장 (脾臟: Spleen)	사(思): 생각하다 [Thought, Anxiety]	의(意)	신(信)
금 (金: Metal)	폐장 (肺藏: Lung)	우(憂): 근심하다 [Worry] 비(悲): 슬퍼하다 [Grief]	백(魄)	의(義)
수 (水: Water)	신장 (腎臟: Kidney)	경(驚): 놀라다 [Shock] 공(恐): 두려워하다 [Fear]	지(志)	지(智)

　　앞서 살펴보았듯이, '마음'을 의미하는 단어들은 '정신(精神)', '감정(感情)', '생각', '뜻' 등 몇 가지가 있다. 그런데 '몸'이 '마음'이라고 한다면, 마음을 그냥 '몸'으로 설명해도 되지 않을까? 라는 생각을 해보았다. 어찌 되었든, 우리가 무엇을 원하고 바랄 때 몸과 마음을 지극 정성으로 다해, "하늘의 뜻에 순응하는 마음으로", 칠정(七情)과 오지(五志)가 지나치거나 부족함이 없이 조화롭게, 그리고 "하늘이 인간에게 부여한 본성"인 다섯 가지 도덕 이념(오덕: 五德)을 근본 바탕으로 실천해야 함이 옳을 것이다.

참고문헌

김재효. (2015). 심신의학으로서의 한의학. 원광대학교 마음인문학연구소, **마음의 세계** (pp. 139–146). 경기도, 고양시: 공동체.

안도균. (2015). **동의보감: 양생과 치유의 인문의학**. 서울: 작은길.

이기동. (2016). **유교**. 서울: 전통문화연구회.

허경무. (2000). **국선도 강해**. 서울: 밝문화연구소.

VI

Dance

1. '춤'의 개념화

… how 'dance' is conceptualized and trained.

춤에 대한 공통된 대부분의 생각들을 정리해보기 전에, "춤"의 어원을 살펴보고자 한다. 이는 '춤'의 본질을 찾기 위해 반드시 탐색해야 할 과제인 것이다. "춤"이란 순우리말로, '추다'라는 동사의 어근 '추'에 명사형을 만들기 위한 'ㅁ'을 합쳐(추+ㅁ) "춤"으로 되었다 한다.[1] '추다'라는 동사는 "위로 받들어 올리다"라는 뜻인데, 우리 조상들이 하늘에 제사를 올리는 것을 '추다' 혹은 '춤을 추다'라고 말하지 않았을까 라고 유추해 볼 수 있다.[2]

보편적으로, 전 세계 모든 나라의 원시 무용이 그러하듯, "춤"은 인간이 언어와 문자가 생기기 이전부터 초자연적 힘에 대한 숭배와 기원 등의 목적으로 제례를 올릴 때 어떠한 형태로든 추어졌다. 이와 같이, 한국어인 "춤"의 어원적 탐색을 통해서도 우리나라 고대시대의 제천 의식에서 "춤"이 행해졌음을 가늠해볼 수 있다.

"춤"은 한자어로 "무용(舞踊)"이다. '무(舞)' 자는 '춤추다, 날아다니다, 북돋다, 부추기다' 등의 뜻을 가진 글자이다. 갑골문에는 양손에 무언가를 들고 있는 사람의 모양이 그려져 있었다고 하는데, 이는 무희들이 깃털을 들고 춤을 추던 모습으로, 이 모습을 그린 상형문자는 '無'이다. 그런데 '無' 자가 '없다'라는 뜻을 갖게 되면서,

• • •

1   춤. 검색일 2020년 2월 21일, http://ko.m.wikionary.org
2   춤을 추다. 검색일 2020년 2월 21일, http://koreadanceassociation.org

'無'에 '어그러지다'라는 뜻을 가진 '천(舛)'자가 합쳐져 '舞' 자가 되면서, "어긋난(舛) 것을 없애려는(無) 것", "잘못이나 사악함을 털어내는 것"[3]의 의미를 내포하는 주술적인 움직임, '춤추다'의 뜻을 갖게 되었다고 한다. 이와 같이, 한자어인 '무(舞)'의 어원적 탐색을 통해서도 중국 고대시대의 제례의식에서 '춤'이 행해졌음을 가늠할 수 있게 된다.

무(舞)

그렇다면, "무용(舞踊)"이란 글자는 언제부터, 어떻게 사용되기 시작하였을까? 그 역사적 배경과 어원을 찾으려면, 일제 강점기 시대로 거슬러 올라가야 한다. "舞踊"이란, 일본 사람인 '쓰보우치 쇼요'가 고안해낸 단어이다. 쓰보우치 쇼요(坪内逍遙, Tsubouchi Shōyō)는 1859년 태생으로, 와세다 대학의 교수를 역임하였으며, 소설가, 평론가, 극작가, 영문학자로 활동하였고, 특히 다수의 셰익스피어 작품들을 번역하였다.

• • •

3 무(舞)와 춤의 어원. 검색일 2020년 10월 10일, https://blog.naver.com/hyyimmm/220441184006

쓰보우치 쇼요(坪内逍遥, Tsubouchi Shōyō)[4]

그는 1904년에 발간된 저서 『신악극론(新樂劇論), 신가쿠게키론』에서
"舞踊"(Buyō: 무용)이란 단어를 처음으로 사용하면서, "부토(Butō, 舞踏: 무답)"와
"부요(Buyō, 舞踊: 무용)"를 구별하였다고 한다.[5]

    '용(踊)'자는 '뛰다', '춤추다', '오르다' 등의 뜻을 가진 글자이다. '발'을 의미한
'족(足)' 자에 '사용하다'라는 의미의 '용(用)' 자가 합쳐진 글자로, '발을 사용하여
뛰어오르며 춤추다'의 의미를 담고 있다. 따라서, 쓰보우치 쇼요는 '무언가를 들고
춤을 추는' 상체의 움직임을 의미하는 '舞' 자와, '발로 뛰는' 하체의 움직임을
의미하는 '踊' 자를 결합시켜 상체와 함께 '뛰어오르는' 의미가 강조된 "舞踊"이란
글자를 고안해냄으로써, '부토(舞踏)'라 불리우는 춤에서 '부요(舞踊)'라 불리울 수 있는
춤을 구별하였다.

• • •

4 쓰보우치 쇼요(坪内逍遥, Tsubouchi Shōyō). 검색일 2021년 1월 4일, https://commons.wikimedia.org/
    wiki/File:Tsubouchi_Shoyo.jpg

5 군지마사카츠(郡司正勝). (1991). **군지마사카츠 책 정집 제3권(郡司正勝删定集第三卷)**. 東京: 白水社,
    pp. 17-18.

'부토(舞踏)'에 사용되는 한자어인 '답(踏)'은 '밟다', '디딘다' 등의 뜻을 가진 글자로 '용(踊)' 자와는 움직임의 역동성에 있어 확연히 구분된다. 이렇게 만들어진 '부요' 즉, "무용(舞踊)"이란 단어가 일제 강점기에 우리나라에 유입되었으며, 1914년 「매일신보」라는 신문에 처음으로, "무용(舞踊)"이란 글자가 실리게 되었다.

신문에 "무용(舞踊)"이란 글자가 실린 이후로는 극장의 무대에서 공연된 "춤"은 "무용"으로, 전통적으로 추어졌던 "춤"은 "춤"으로 구분되어 불리기 시작하면서, 일제 강점기 시대에 서구문화를 향유하던 엘리트 계층에서는 "무용"은 고급예술로, "춤"은 저급한 예술로 표현하기도 했다고 한다.[6] 또한, 학교 교육 내용에 "춤"이 포함되면서 교육기관에서 가르치는 "춤"은 "무용"으로, 그 외에서 추어지는 "춤"은 "춤"으로 불리워졌음을 가늠할 수 있겠다.

그렇기 때문에, 교육기관에서 가르치는 '한국 춤'은 '한국무용'으로, 그 외에 다른 장소, 다른 목적으로 추어지는 '한국 춤'은 '한국 춤'으로 구분해서 불렀었던 것이 아닌가 추측된다. 이러한 양상은 해방 이후에도 지속되었으며, 1980년대에 들어서면서부터 한국 춤의 해외 공연이 많아지고, 1986년 아시안 게임, 1988년 올림픽을 개최하면서 '한국 춤'의 위상이 높아짐에 따라 점차적으로 "무용"과 "춤"은 거의 동일한 의미로 사용하게 되지 않았나 하는 생각이 든다. 그렇다면, "춤"과 "무용"이 거의 동일한 의미로 사용되기 시작한 것도 그리 오래되진 않은 것이다.

나의 어린 시절을 떠올려 보아도 어릴 적에 아버지가 나에게 "?희야, 춤 좀 춰봐라!" 하면 몹시 화를 내었던 기억이 난다. 솔직히 지금까지도 나는 "무용"학과 출신의, "무용"전공 교수이지, ㅁㅁ대학교의 "춤" 학과 교수라고 한다면 어떨까? 이는 마치 '댄스'라고 하면 내가 하는 것이 맞고, '땐스'라고 하면 왠지 내가 하는 것과는 거리가 있는 것 같은(?) 그런 차이라고나 할까? 그런데도 나는 이 글을 쓰면서, "무용"의 개념화보다는 "춤"의 개념화를 고집하는 이유는 무엇일까?

● ● ● ●

---

6 무용. 검색일 2020년 2월 21일, http://koreadanceassociation.org

"춤"은 영어로 "dance"이다. "dance"의 어원은 산스크리트 (Sanskrit)어의 '탄하 (Tanha)'이다.[7] '탄하(Tanha)'는 'thirst(갈증, 갈망)', 'craving(갈망, 열망)', 'desire(욕구, 갈망, 욕정)'를 의미하는 단어로 "육체적, 혹은 정신적인 갈망"을 뜻하는 불교사상의 중요한 개념인데, 이는 "감각적 쾌락에 대한 욕구(craving for sensual pleasures)", "존재에 대한 욕구(craving for existence)", "비존재에 대한 욕구(craving for non-existence)"의 세 종류가 있다고 한다.[8]

이와 같이, "dance"의 어원적 탐색을 통해서 춤의 본질은 '본능' 혹은 '욕구'라고 할 수 있겠다. 이는 "춤"이란 한국어가 우리말의 입안에 생기는 '침(타액)'의 사투리라는 점과도 연관지을 수 있다고 생각한다. 옛날 방언을 살펴보면, 무언가를 갖고 싶어 하는 사람을 보면 "(갖고 싶어) 춤(침)을 질질 흘리네!"라고 하던가, 아니면 맛있는 것을 보면 "(먹고 싶어) 춤(침)을 질질 흘리네!"라는 사투리 표현이 있다.

그런데 우리 인간도 기분이 좋으면 자신도 모르게 덩실덩실 '춤'을 추게 된다. 마치 우리 몸에 본능적 욕구가 생겼을 때 자신도 모르는 사이에 입안에 침(춤)이 가득 차오르듯이 말이다. 이렇게 생각해보면, "춤"이란 단어가 "무용"이란 단어보다 "dance"의 본질적 의미에 보다 충실한 단어라고 사료되며, 그렇기 때문에, 나는 "무용"이란 단어보다는 "춤"이란 단어의 개념을 탐구해 나가려 했던 것이고, 그 본질을 찾기 위해 어원을 탐색하였던 것은 아니었나? 라는 생각이 든다.

아일랜드의 극작가 겸 소설가이자 수필가, 평론가, 화가인 조지 버나드 쇼(George Bernard Shaw)는 "Dancing is a perpendicular expression of a horizontal desire"[9]이라 하였는데, 그는 "춤추는 것"을 "수평적 욕구의 수직적 표현"이라고 생각하였다. 이는 춤을 인간 마음의 저변에 깔려 있는 욕망이 수직적으로 상승/하강하는 표출로 보는 사회문화적 관점이었을 것이라 사료된다.

• • •

7   dance. 검색일 2020년 10월 12일, https://en.wikipedia.org/wiki/Dance

8   춤. 검색일 2020년 10월 12일, https://ko.wikipedia.org/wiki/%EC%B6%A4

9   George Bernard Shaw. 검색일 2020년 10월 11일, https://www.brainyquote.com

미국 태생의 무용가이자 안무가인 아그네스 드 밀(Agnes de Mille)은 "The truest expression of a people is in its dances."[10]라 하였는데, 그녀는 우리의 몸은 거짓말을 하지 않기 때문에 인간의 가장 진실한 표현은 그들이 추는 "춤"에 있다고 보는 것이다.

무용 인류학자인 쥬디스 린 한나(Judith Lynne Hanna)는 『To Dance is Human』이란 책을 1979년에 출판하였는데, 그녀는 이 책에서 인류학, 기호학, 사회학 등 여러 분야의 관점에서 "춤이란 몸을 통해 표현된 인간의 사고와 감정"이므로, '춤'이 "비언어적 의사소통(non-verbal communication)"의 수단임을 논증하고 있다.

『This Thing Called Ballet』의 저자인 조지 보로딘(George Borodin)은 "Ballet is not technique but a way of expression that comes more closely to the inner language of man than any other."라 하였는데, 고난도의 기교를 보여주기 위한 고된 숙련이 뒷받침되어야 하는 발레 역시 '테크닉'이 아니고, 인간 내면의 언어에 더욱 더 가까이 가는 '표현의 방법(수단)'임을 설파하면서, 관객을 발레의 '기술'이 아닌 '감정표현'으로 감동시켜야 함을 강조하고 있다.

이와 같이, 유명한 학자들의 글귀를 인용하지 않더라도 그 어원에서도 알 수 있듯이, "춤"에 대한 공통된 대부분의 생각 즉, '개념'은 "인간 감정의 본능적 표출"이다.

• • •

10 Agnes de Mille. 검색일 2020년 10월 12일, https://www.brainyquote.com/quotes/agnes_de_mille_131897

참고문헌

군지마사카츠(郡司正勝). (1991). **군지마사카츠 책 정집 제3권(郡司正勝刪 定集第三卷)**. 東京: 白水社.

무용. 검색일 2020년 2월 21일, http://koreadanceassociation.org

무(舞)와 춤의 어원. 검색일 2020년 10월 10일, https://blog.naver.com/hyyimmm/220441184006

쓰보우치 쇼요(坪內逍遙, Tsubouchi Shōyō). 검색일 2021년 1월 4일, https://commons.wikimedia.org/wiki/
File:Tsubouchi_Shoyo.jpg

춤. 검색일 2020년 10월 12일, https://ko.wikipedia.org/wiki/%EC%B6%A4

춤. 검색일 2020년 2월 21일, http://ko.m.wikionary.org

춤을 추다. 검색일 2020년 2월 21일, http://koreadanceassociation.org

Agnes de Mille. 검색일 2020년 10월 12일, https://www.brainyquote.com/quotes/ agnes_de_mille_131897

dance. 검색일 2020년 10월 12일, https://en.wikipedia.org/wiki/Dance

George Bernard Shaw. 검색일 2020년 10월 11일, https://www.brainyquote.com

2. 움직임의 네 가지 요인들(4 Motion Factors)

그렇다면, '인간 감정의 본능적 표출'인 춤에는 과연 어떠한 움직임 요인들이 있는 것일까?

라반(Rudolf von Laban)[1]

1879년 헝가리 태생의 무용가이자 무용 이론가인 라반(Rudolf von Laban)은 '내적 충동(inner impulse)'이 있어야 인간은 움직일 수 있으며, 이를 '에포트(Effort)'라 하였다. 그는 독일 '표현주의 무용의 아버지'라 불리우는데, 라바노테이션(Labanotation: 무용 기록법)과 라반 움직임 분석법(Laban Movement Analysis)의 기초가 되는 이론들을

● ● ●

1   라반(Rudolf von Laban). 검색일 2020년 9월 12일, https://en.wikipedia.org/wiki/Rudolf_von_Laban

제시하면서 움직임을 연구하는 데 있어 중요한 분석의 틀을 마련하였다.[2]

라반은 인간의 감정에는 어떤 물리적이고 과학적인 공식 혹은, 어떠한 흐름, 역동성이 있을 것이라 믿어 왔으며, 이러한 현상을 설명하기 위해 "Eukinetics"란 단어를 조합해 내었다.[3]

"Eukinetics"의 어원은, 그리스어의 "eu"와 "Kinetikos"가 합쳐진 글자로, "eu"는 '아름다운(beautiful)' 혹은 '조화로운(harmonious)'을 "Kinetikos"는 '움직임(movement)'을 의미하는데, 라반은 "Eukinetics"로, 즉 '조화로운 움직임'으로 춤의 시공간적 특성을 설명하고자 하였다.[4] "춤"에 대한 그의 관심은 점차 인간의 일반적 움직임으로 옮겨졌는데, 라반은 영국의 어느 공장에서 일하는 노동자의 움직임을 관찰하면서 이를 분석해 낼 수 있는 시스템을 고안해내었다. 그는 인간의 움직임을 가능케 하는, '내적인 충동(inner impulse)'을 의미하는 즉, 움직임 요인이 되는 내적 특질(inner attitude)을 의미하는 용어를 'antrieb'라 불렀다.

'antrieb'는 독일어로, 영어의 'on'을 의미하는 'an'과 영어의 'drive'를 의미하는 'trieb'가 합쳐진 단어인데, 영어로 'on-drive' 즉, "…을 하려고 애쓰는 노력"을 뜻하는 "Effort"로 번역되었다.[5] "Effort(에포트)"의 영어 사전적 의미로는 첫째; 무엇을 하기 위한 신체적, 혹은 정신적 에너지의 사용 즉, 애씀, 진력(exertion), 둘째; 육체 혹은, 의지의 안간힘, 셋째; 시도, 특히 진지한, 성실한 시도, 넷째; 애를 써서 생산된, 혹은 창조된 성과물, 다섯째; 물리학적으로 관성에 가해지는 힘 등이다. 또한, 일반적 의미로 "(물리적, 육체적) 힘을 보여주다"라는 뜻의 동사형, 혹은 "(물리적, 육체적) 힘"이라는 명사형으로도 사용된다.

그러나, 라반 움직임 분석법(LMA: Laban Movement Analysis)에서는 "Effort(에포트)"가

• • •

2 Rudolf von Laban. 검색일 2020년 9월 11일, https://en.wikipedia.org/wiki/ Rudolf_von_Laban

3 김경희. (2005). **라반 동작분석법**. 서울: 눈빛. p. 17.

4 Movescape Center. 검색일 2020년 9월 12일, https://movescapecenter.com/

5 Bartenieff, I. (2002). *Body Movement: Coping with the Environment*. New York, NY: Routledge. p. 51.

'내적 충동(inner impulse)'을 뜻하고 있기 때문에, 일반적으로 통용되는 영어 번역의 "Effort"와는 다소 차이가 있음을 밝히고자 한다. 또한, 영어 발음 그대로 '에포트'라고 사용하는 것은 "Effort"의 의미를 전달할 수 있는 적절한 한국어를 아직까지 찾아내지 못한 점도 있지만, 영어 발음 그대로 '에포트'라 사용하는 것이 라반이 설명하고자 하는 '내적 충동'의 의미를 기존 관념과 어떠한 혼돈 없이 더욱더 명확하게 전달할 수 있으리라 판단했기 때문이다.

라반은 인간의 움직임에 내재되어 있는 Effort(에포트)를 네 가지 관점 즉, 무엇을 (what), 언제(when), 어디서(where), 어떻게(how) 하는가에 관심을 갖고 분석하고자 하였다. 따라서, 그의 관심사인 '무엇을(what)'은 "Weight(웨이트)"로, '언제(when)'는 "Time(타임)" 으로, '어디서(where)'는 "Space(스페이스)"로, '어떻게(how)'는 "Flow(플로우)"로 구분하였다.

이렇게 네 가지로 구분된 각각의 움직임 요인에는 극도로 다른 두 가지 특질이 있는데, 하나는 "Indulging[인덜징: 허용하는]" 특질이며, 그 반대되는 특질은 "Condensing(Fighting)[컨덴싱(파이팅): 저항하는]"이다. 네 가지 움직임 요인들에 대한 상반된 특질을 무엇을(what), 언제(when), 어디서(where), 어떻게(how) 순서대로 정리해보면 다음과 같다.

구분 / 관심사	4 Motion Factors: Effort(에포트)	2 Extreme Qualities	
		Indulging [인덜징: 허용하는]	Condensing(Fighting) [컨덴싱(파이팅): 저항하는]
What	Weight [웨이트: 힘]	Light [라이트: 가벼운]	Strong [스트롱: 힘 있는]
When	Time [타임: 시간]	Sustained [서스테인드: 시간을 질질 끄는]	Quick(Sudden) [퀵(서든): 급작스러운]
Where	Space [스페이스: 공간]	Indirect [인다이렉트: 산만한]	Direct [다이렉트: 조준하는]
How	Flow [플로우: 흐름]	Free [프리: 거침없는]	Bound [바운드: 조심스러운]

네 가지 움직임 요인들 중에 첫 번째로 다루고자 하는 요인은 "Weight[웨이트: 힘]"이다. "Weight"의 영어 사전적 의미는 '무게, 체중' 등이지만, "Effort(에포트)"에서 뜻하는 "Weight"는 "임팩트(Impct)" 혹은 "힘(Force)"으로 나의 임팩트는 무엇인가? 라는 문제를 제기한다. 수행자는 자신의 충격(힘)을 강하게 할 것인가? 아니면 약하게(가볍게) 할 것인가?에 대한 자신의 힘을 감지한다(Sensing). 예를 들어, 도끼로 장작을 팬다고 하자. 반대로, 자고 있는 아기의 볼에 손가락으로 살짝 터치를 한다고 하자. 우리의 움직임은 어떠한가? 이와 같이 움직이는 '나(I)'와 내 안의 '자신(Self)'과의 상호 관계 속에 내재되어 있는 요인을 "Weight[웨이트: 힘]"라 한다. 따라서, 같은 동작이라 할지라도 수행자의 의도(Intention)에 따라 "Weight[웨이트: 힘]"의 요인을 Strong[스트롱: 힘 있는]하게 할 수 있으며, Light[라이트: 가벼운]하게 할 수도 있는 것이다.

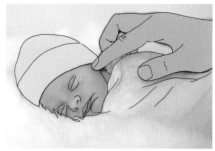

Strong[스트롱: 힘 있는]
도끼로 장작을 패는 모습

Light[라이트: 가벼운]
아기의 볼 터치

두 번째 요인은 "Time[타임: 시간]"이다. "Time"의 영어 사전적 의미는 '시간, 때' 등이지만, "Effort(에포트)"에서 뜻하는 "Time"은 '시간을 어떻게 사용하느냐?'이며, '나는 이 움직임을 언제 끝내야 하는가?'라는 문제를 제기한다. 수행자는 움직임을 '즉각적인 인지(認知)[immediate recognition]'로 다급하게 할 것인지? 아니면 시간을 질질 끌어 지연시켜야 할 것인지?를 직감한다(Intuiting). 예를 들어, 예기치 않게 뜨거운 밥솥에 손이 닿았다고 하자. 반대로 오래된 친구와 마지막 작별인사를 하거나, 혹은 행복했던 시간의 사진을 보고 있다고 생각해보자. 우리의 움직임은 어떠한가? 이와 같이 움직이는 '나(I)'와 '시간 사용(Exertions in time)'과의 상호 관계 속에 내재되어 있는 요인을 "Time[타임: 시간]"이라 한다. 따라서 같은 동작이라 할지라도 수행자의 결정(Decision)에 따라 "Time[타임: 시간]" 요인을 'Quick(Sudden)[퀵(서든): 급작스러운]'하게 할 수 있으며, 아니면, 조금 더 오래 머물기를 바라며 'Sustained[서스테인드: 시간을 질질 끄는]'하게 할 수도 있는 것이다.

Quick(Sudden)[퀵(서든): 급작스러운]
뜨거운 밥솥에 손이 닿았을 때

Sustained[서스테인드: 시간을 질질 끄는]
오래된 친구와 마지막 작별인사[6]

• • •

6 오래된 친구와 마지막 작별인사. 검색일 2020년 7월 7일, https://youtu.be/47xaw9_id6A

세 번째 요인은 "Space[스페이스: 공간]"이다. "Space"의 영어 사전적 의미는 '공간, 간격' 등이지만, "Effort(에포트)"에서 뜻하는 "Space"는 '주변 공간에 대한 접근방법'으로 '나는 주변 공간의 어디에 어떤 태도로 접근할 것인가?'라는 문제를 제기한다. 수행자는 어떤 동작을 하는 데 있어 주변 공간 한 곳에 하나의 초점을 두고 집중하며 할 것인가? 아니면 여러 곳에 초점 없이 혹은 다초점으로 산만하게 할 것인가?를 생각한다(Thinking). 예를 들어, 과녁을 향해 화살을 쏘려고 할 때와, 눈 내리는 하늘을 쳐다볼 때 우리의 움직임은 어떻게 다른가? 이와 같이 움직이는 '나(I)'와 '주변 공간(Environment)'과의 상호관계 속에 내재되어 있는 요인을 "Space[스페이스: 공간]"이라 한다. 따라서 같은 동작이라 할지라도 수행자의 주변 공간에 대한 주의(집중)력(Attention)에 따라 "Space[스페이스: 공간]" 요인을 'Direct[다이렉트: 조준하는]'하게 할 수 있으며, 'Indirect[인다이렉트: 산만한]'하게 할 수도 있는 것이다.

Direct[다이렉트: 조준하는]
양궁

Indirect[인다이렉트: 산만한]
눈 내리는 하늘을 쳐다볼 때

네 번째 요인은 "Flow[플로우: 흐름]"이다. "Flow"의 영어 사전적 의미는 '흐름, 이동' 등이지만, "Effort(에포트)"에서 뜻하는 "Flow"는 '점진적인 진행 혹은, 연속'의 의미로 '나는 이 움직임을 어떻게 지속할 것인가?'라는 문제를 제기한다. 수행자는 어떤 동작을 진행하는 데 있어 언제라도 멈출 수 있을 정도로 조심스럽게 세밀하게 할 것인지? 아니면 멈추기 힘들 정도로 거침없이 할 것인지?를 예민하게 느낀다(Feeling). 예를 들어, 건축가가 자를 사용하여 설계도면을 그리고 있을 때를 생각해보자. 이 경우에는 하고 있는 행위를 언제라도 멈출 수 있을 것이다. 반대로, 100m 달리기를 할 때, 달리기 선수가 쉽게 멈출 수 있겠는가? 이와 같이, 움직이는 '나(I)'와 '진행 과정(Progression)'과의 상호관계 속에 내재되어 있는 요인을 "Flow[플로우: 흐름]"라 한다. 따라서, 같은 동작을 하더라도 수행자의 신중함 혹은 정밀함(Precision)에 따라 "Flow[플로우: 흐름]" 요인을 'Bound[바운드: 조심스러운]' 하게 할 수 있으며, 'Free[프리: 거침없는]' 하게 할 수도 있는 것이다.

Bound[바운드: 조심스러운]
설계도면을 그리고 있을 때[7]

Free[프리: 거침없는]
100m 달리기 선수[8]

• • •

7 설계도면을 그리고 있을 때. 검색일 2020년 7월 7일, https://www.freepik.com/
8 100m 달리기 선수. 검색일 2021년 4월 1일, https://www.pngegg.com/ko/png-pltjl/download

이상에서 고찰한 네 가지 움직임 요인들에 관한 내용을 표로 정리하면 다음과 같다.

4 Motion Factors 구분	Weight [웨이트: 힘]	Time [타임: 시간]	Space [스페이스: 공간]	Flow [플로우: 흐름]
관심사	What	When	Where	How
제기되는 문제들	나의 임팩트 (impact)는 무엇인가? What is my impact?	나는 이 움직임을 언제 끝내야 하는가? When do I need to complete the act?	나는 주변 공간의 어디에 어떤 태도로 접근할 것인가? In what manner do I approach the space?	나는 이 움직임을 어떻게 지속할 것인가? How do I keep going?
정신적 기능 (Mental Faculty)	Sensing (감지하는)	Intuiting (직감하는)	Thinking (생각하는)	Feeling (느끼는)
움직이는 '나(I)'와의 관계 대상	자신 (Self)	시간 사용 (Exertions in time)	주변 공간 (Environment)	진행 과정 (Progression)
수행자의 내면적 참여 (Inner Participation)	의도 (Intention)	결정 (Decision)	주의(집중)력 (Attention)	신중함 혹은 정밀함 (Precision)

"춤"의 본질은 '인간 감정의 본능적 표출'이다. 이러한 본능이 '움직임'으로 표출되었을 때 우리는 "춤"이라 할 수 있기에, 움직임에 내재되어 있는 네 가지 요인들을 고찰해 보았다.

Odette의 Arabesque[9]
국립발레단 수석무용수 (박슬기)

Odile의 Arabesque[10]
국립발레단 수석무용수 (박슬기)

● ● ●

9   Odette의 Arabesque. 국립발레단 제공 / Photo by BAKi

10   Odile의 Arabesque. 국립발레단 제공 / Photo by BAKi

두 사진에서 볼 수 있듯이, 같은 아라베스크(arabesque) 동작을 하더라도 오뎃트(백조)가 하는 아라베스크와 오딜(흑조)이 하는 아라베스크는 무용수 내면의 충동이 다르기 때문에, 움직임의 질(quality)이 다를 수밖에 없을 것이다.

따라서, 여러 무용학자뿐 아니라, 무용수, 안무가, 혹은 다른 분야의 예술가, 이론가들의 "춤"에 대한 생각을 종합해보면, "춤"은 '인간 내면의 감정 표출'이라 하였듯이, 움직임을 일으키는 '내적 충동' 즉, "Effort(에포트)"를 이해하는 것이 매우 필요하다! 물론, 모든 무용수들이 "Effort(에포트)"를 이해하고 "춤"을 배우지는 않을 것이다. 그러나 동작의 습득과 함께 각 동작을 하기 위한 마음 자세를 이해하고 수행할 수만 있다면, 발레를 보다 효율적으로, 덜 고생하면서, 덜 아프게, "부상을 줄이면서" 할 수 있지 않을까? 발레 무용수뿐 아니라, 무용을 배우고자 하는 모든 사람들이 Effort(에포트)를 공부해야 하는 이유이다!

참고문헌

100m 달리기 선수. 검색일 2021년 4월 1일, https://www.pngegg.com/ko/png-pltjl/download

김경희. (2005). **라반 동작분석법**. 서울: 눈빛.

라반(Rudolf von Laban). 검색일 2020년 9월 12일, https://en.wikipedia.org/wiki/Rudolf_von_Laban

설계도면을 그리고 있을 때. 검색일 2020년 7월 7일, https://www.freepik.com/

오래된 친구와 마지막 작별인사. 검색일 2020년 7월 7일, https://youtu.be/47xaw9_id6A

Bartenieff, I. (2002). *Body Movement: Coping with the Environment*. New York, NY: Routledge.

Movescape Center. 검색일 2020년 9월 12일, https://movescapecenter.com/

Odette의 Arabesque. 국립발레단 제공 / Photo by BAKi

Odile의 Arabesque. 국립발레단 제공 / Photo by BAKi

Rudolf von Laban. 검색일 2020년 9월 11일, https://en.wikipedia.org/wiki/Rudolf_von_Laban

부록

- Somatic Ballet®
- Somatic Ballet® Pedagogy Workshop
- 후기(Testimonials) 모음
- 소매틱 관련 기사
- 소매틱 관련 논문 목록

Somatic Ballet®

- Mission Statement / Value / Principles

- Logo

- Programs

- Subject Areas for Certified Teacher of Somatic Ballet®/Assessment

- Certified Teachers

- Application for Certified Somatic Ballet® Teacher

- Class Participation Agreement (수업 참여 동의서)

- Guidelines

Mission Statement

We endeavor to improve the performance skills of all ballet dancers through somatic movement education.

소매틱 발레 연구회는 소매틱 움직임 교육을 통해 발레 무용수의 수행능력을 증진시키고자 합니다.

Value

We value the process of creating healthy and happy lives of all ballet dancers.

소매틱 발레 연구회는 발레 무용수의 건강하고 행복한 삶을 창조해 나가는 과정을 소중하게 생각합니다.

Principles

"BRACED"as an acronym stands for Breathe, Relax, Align, Connect, Expect, and Dance.

소매틱 발레의 움직임 원리는 "다치지 않도록 고안된" 원리로, 호흡을 잘하여 (Breathe), 몸과 마음의 긴장을 풀고(Relax), 신체를 정렬하여(Align), 신체의 각 부분은 물론, 몸과 마음을 연결시켜(Connect), 자신이 이루고자 하는 바를 기대하며(Expect), 춤을 추자(Dance)입니다.

Logo

The logo was designed to represent the dynamic alignment of a ballet dancer in three-dimensional process of continuous fluctuation between Stability and Mobility to maintain balance.

The color "pink", a symbol of a spiritual marriage between the body and mind, signifies good health.

The möbius strip, a symbol for infinity, surrounding a dancer embodies the values to understand the Mother Nature's Law in the one, long, continuous side.

본 로고는 안정성과 기동성 간의 끊임없는 파동의 3차원적 과정 안에서 균형을 유지하고자 하는 발레 무용수의 역동적인 몸의 정렬을 의미합니다.

핑크 색깔은 몸과 마음의 영적인 결합을 상징하며, 질병이 없는 건강한 상태를 의미합니다.

뫼비우스의 띠는 한계가 없는 무한함을 상징하며, 무용수 주변을 둘러싸고 있는 뫼비우스의 띠는 안과 밖을 구별할 수 없는 연속적인 자연의 법칙에 순응하고자 함을 의미합니다.

Programs

I. Somatic Ballet® Class

II. Somatic Ballet® Certified Teacher Training Program

Subject Areas for Certified Teacher of Somatic Ballet®

* Labanotation (30 hrs)

* Laban Movement Analysis/Bartenieff Fundamentals (30 hrs)

* Applied Body Systems (45 hrs)

* Pedagogy Workshops (45 hrs)

* Labanotation (30 hrs)

 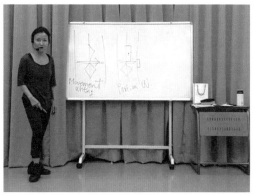

(좌: https://commons.wikimedia.org/wiki/File:Labanotation1.jpg#/media/File:Labanotation1.jpg)

* Laban Movement Analysis/Bartenieff Fundamentals (30 hrs)

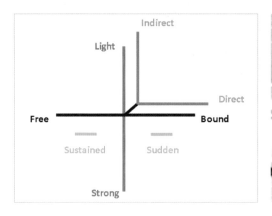 

(https://www.mdpi.com/2218–6581/8/2/24) (https://www.lib.umd.edu/bartenieff)

* Applied Body Systems (45 hrs)

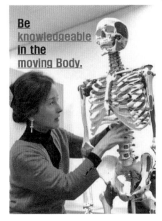 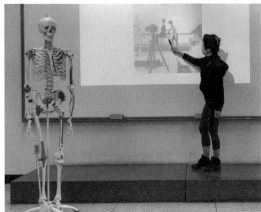

* Pedagogy Workshops (45 hrs)

Assessment

Submission of — Application

— Proof of successful completion

— Lesson plan

Teaching Practicum

Certified Teachers

1기

김윤수: 성균관대학교 초빙 교수

서고은: 성균관대학교 겸임 교수

양영은: 성균관대학교 겸임 교수

정옥희: 성균관대학교 초빙 교수

2기

김윤선: 성균관대학교 겸임 교수

이영주: 충남예술고등학교 강사

3기

김수혜: 성균관대학교 강사

김예지: 발레 에폴망 대표

4기

김세용: Western Michigan University 교수

김유미: 뉴욕, 'Mind & Body Pilates' 디렉터

5기

김채원: 충북예술고등학교 강사

임수민: 성균관대학교 대학원 석·박사학위 과정

장수진: 부산예술고등학교 강사

유진영: YOU & YOO 발레 아카데미 대표

김윤수

서고은

양영은

정옥희

김윤선

이영주

김수혜

김예지

김세용

김유미

김채원

임수민

장수진

유진영

Application for Certified Somatic Ballet® Teacher

1. Information of Applicant

Name		
Address	Home	
	E-mail	
Phone (Mobile)		

2. What motivates you to teach Somatic Ballet®?

3. Have you satisfactorily met all the subject areas to become a Certified Somatic Ballet® Teacher? (Please submit a proof of successful completion.)

4. Would you like to share any experiences in studying and teaching Somatic Ballet®?

5. What did you learn from how the Somatic Ballet® class was taught?

6. Questions you still have?

Class Participation Agreement

Name   Student ID No.

Title of Class   Name of Instructor

Please note that this is a ballet class which constitutes part of the core curriculum of the Dance Department. In order to ensure effective operation of the class and to safeguard both students and instructors, the following statements have been put in place:

The purpose of the class is to develop the ability to recognize and to self–correct alignment and movements in accordance with anatomical principles.

The instructor will use verbal, tactile, visual, and imagery cues in order to facilitate students' internal body–awareness.

All learning activities will be held in studios and/or performance areas, and the optimal corrections will be made, both for individuals and the group as a whole.

If the students feel any psychological/emotional, or physical discomfort during the class, they are encouraged to voice their concerns to the instructor or to any other members of staff (by phone, email etc.).

The instructor will receive students' feedback and suggestions immediately and resolve the concerns openly, the students' voice of the discomfort will bring no negative consequences to them.

I understand and agree to the above statements.

                              Date

                              Signature

수업 참여 동의서

이름   학번

과목명   교수명

　본 수업은 발레 실기를 주 내용으로 하는 무용학과의 전공과목입니다.

　원활하고 효과적인 수업 진행을 위하여 다음과 같이 본 수업의 특성과 진행방식에 대하여 공지합니다.

　본 수업의 목적은 몸의 정렬과 움직임을 스스로 인지하고 교정하여 신체 원리에 맞는 발레 테크닉을 구사하고자 함이다.

　교수자는 구두적, 촉각적, 시각적/심상적 큐(cue)를 활용하여 학습자의 내적인 신체 인식 과정을 돕는다.

　모든 학습 과정은 스튜디오 전반에서 이루어지며, 학습자 전체 및 각 개인을 위한 적합한 교정이 다양하게 이루어진다.

　학습지도과정에서 심리적/정신적, 혹은 신체적 불편을 느낄 경우 학습자는 언제든지 이메일이나 문자 등 다양한 경로를 통해 교수자에게 직접 건의할 수 있다.

　교수자는 학습자의 피드백과 건의사항을 즉각 받아들여 공개적으로 해결하며, 건의된 학생들의 불편함은 어떠한 부정적 결과를 초래하지 않는다.

　본인은 위 내용을 이해하고, 이에 동의합니다.

날짜

서명

Guidelines

DOs 👍	DON'Ts 👎
• Do optimal breathing. • Release unnecessary tension. • Find your plumb line. (ideal alignment) • Push the floor away.* (feel grounded) • Find your lumbar curve and cervical curve. • Pull apart the sitting bones in plié.* • Do lateral shift first before you transfer your weight. • Walk by psoas muscles. • Jump with the spine.* • Dynamic(Active) stretch before class. • Static(Passive) stretch after class. • Enjoy 'Dancing'.	• Copy your teacher.* • Compete with others. • See only your feet.* • Grip your buttock muscles. • Try East-West(180°) turn-out.* • Turn-out in frog position.* • Force & Bounce when you stretch. • Push the heels even more forward in plié.* • Twist your pelvis when you do arabesque. • Die Hard!

Erroneous Verbal Cues
• Hold your breath. • Tighten your buttocks.* • Tuck under. • Hold your tummy in.* • Push your heels forward.* • Turn-out your feet. • Turn-out your knees. • Put your leg straight to the side.* • Put your arms straight to the side.* • Pull-up * • Ribs in, chin up.* • Try to make your spine straight vertical line.

* Autere, A. (2013). *The Feeling Balletbody: Building the Dancer's Instrument According to BalletBodylogic.* Pittsburgh, PA: Dorrance Publishing, pp. 7−15.

* Kim, K. (2016). Somatic Perspectives on Ballet Pedagogy. *Dance Research Journal of Korea,* 74(5), 17−31.

* Kim, K. (2017). A Study of Principles for Somatic Movement Education/Therapy. *Dance Research Journal of Korea,* 75(1), 21−36.

Somatic Ballet® Pedagogy Workshop

(제 1회 ~ 39회, to be continued)

taught by

KyungHee Kim (Ph.D., CMA, RSDE)

Place :
- 성균관대학교 무용학과 연습실
- http://www.somaticballet.com
- https://youtube.com/channel/UCkp49inDF0e0Gqv5OzjdZvw
- http://www.facebook.com/CERTIFIED.SOMATICBALLET.TEACHER/

【제 1회】

- 일시: 2016년 8월 11일 (목) 오전 7-10시
- 참석자: 강나영, 김수민, 김수혜, 김예지, 김윤선, 김진영, 서수민, 송화연, 원혜인,
  이영주, 정다예, 조한솔 (12명)

1. '발' 살피기
2. 몸의 중심 느끼기
3. '호흡' 느끼기

주요 내용

1. 발

   1) 발가락 구부리기: 앉아서, 다리를 펴고 발가락 구부리기

      - 발가락 앞으로 구부리기: 모든 발가락을 앞쪽으로 구부리기

        • 발등의 뼈가 모두 동일하게 튀어나와야 함.

        • 발바닥 근육이 단단해야 함.

        • 발을 꼭 확인할 필요가 있음.

   2) 발가락 펴기(Spread out): 앉아서, 발을 바닥에 붙이고 발가락 펴기

      - 발가락 옆으로 펴기: 모든 발가락이 동일한 간격으로 벌어지게 펴기

      - 발가락 위로 올리기: 다리를 붙이고 앉아서 Fibula를 잡고, 발가락을 위로
        들어올리기

        • 모든 발가락을 동일한 높이와 균등한 힘으로 들어 올리고 있어야 함.

        • 가장 낮게 올라가는 발가락을 기준으로, 다른 발가락의 높이를 맞추어야 함.

        • 발가락을 위로 올릴 때, 엄지발가락만 높으면 안 됨.

        • 발가락을 위로 올릴 때, 새끼발가락 쪽 바닥이 지면에 닿아 있어야 함.

      - 엄지발가락 올리기: 다리를 붙이고 앉아서 Fibula를 잡고, 엄지발가락만 위로
        들어 올리기

- 양쪽 엄지발가락의 높이가 동일해야 함.

- 높이가 낮은(힘이 약한) 엄지발가락에 맞추어 높이를 맞추어야 함

  (힘을 빼야 함).

2. 몸의 중심

1) Plumb Line: 11자로 서서 몸을 앞뒤로 기울이면서 자신의 Plumb Line 찾기

2) 골반(Pelvis): 서서, 숨을 들이마시고 내쉬면서 상체와 하체가 분리되듯이 고관절 앞쪽을 느슨하게 하기

 − 바른 자세: Manubrium Sternum Junction과 Pubic Bone이 수직선(Vertical Line) 상에 있어야 함!

 − 잘못된 자세: Manubrium Sternum Junction 돌출

3. 호흡

1) 호흡 느끼기: 앉아서, 두 손을 갈비뼈 위에 얹고 호흡하기

 − 들숨: Diaphragm이 내려감.

 − 날숨: Diaphragm이 올라감.

  - 숨을 내쉬는 것이 발레에서의 "풀업(Pull up)"임.

(즉, 횡격막을 끌어올림. → 이렇게 함으로써, 비로소 척추에서의 'Lengthening'이 이루어짐!)

※ Ballet Class

- Barre 잡지 말기: 몸으로 기억해야 함.(Body Memory)

- 거울 보지 말기: 보는 것과 몸으로 느끼는 것은 다름.

- 서 있을 때, 발가락에 힘이 없어야 함. 발가락에 주름도 없어야 함.

  "Proper alignment depends on relaxed feet!"*

---

* Autere, A. (2013). *The Feeling Balletbody: Building the Dancer's Instrument According to BalletBodylogic*. Pittsburgh, PA: Dorrance Publishing, p. 13.

【제 2회】

- 일시: 2016년 8월 16일 (화) 오후 2-5시
- 참석자: 김윤수, 김재석, 서고은, 정옥희, 윤정림, 원세정

주제 및 목적

Somatic을 기본으로 한 발레 교수법을 학습하고 논의하기 위한 워크샵으로, 발레교육자들과 함께 기존 발레수업의 문제점들을 짚어보며 앞으로의 발전 방향을 모색하고자 함.

주요 내용

1. Breathing

   1) 갈비뼈가 우산이라고 상상함.

   2) 호흡 느끼기 : 앉아서, 두 손을 갈비뼈 위에 놓고 호흡하기

   3) 들 숨 : 갈비뼈가 옆으로 벌어지고(우산이 펼쳐졌을 때 상상), 횡격막이 내려감.

   4) 날 숨 : 갈비뼈가 닫히면서(우산이 접어짐을 상상), 횡격막이 올라감. 이때 뒷목이 위로 길어지면서 pull-up 상태 즉, 횡격막을 끌어올린 상태를 느낄 수 있도록 함.

2. "Self - Awareness" (3 NOs)

   1) NO Copy your Teacher(선생님을 따라하지 말자!)

      - 자신의 몸에 집중하고 느껴야 함.

   2) NO Mirror(거울을 보지 마라!)

      - 거울을 보고 하게 되면 계속적으로 자신의 동작을 확인하고 싶어 함. (시선과 확인은 다름).

      - 거울은 단지 자신 몸의 정렬을 확인하고자 할 때 에만 봐야 함.

      - 거울을 보거나 선생님을 따라 하는 것은 발레의 외적인 모양은 만들 수 있으나 자신의 내적 신체 감각을 느끼는 데 있어 방해가 됨.

   3) NO Barre(바를 잡지 마라!)

- Barre에 의존하다 보면 몸의 중심이 분산됨.

- Center work에서의 수행이 어려움.

   (Barre work에서 분산된 무게 중심을 Center work에서 재조정해야 함!)

- Barre는 Point work에서 균형감각 체크를 위한 보조 기구로만 사용.

- 무게 중심 이동, 균형을 맞추며 새로운 움직임 패턴을 만들기 용이해짐.

3. Pelvic Alignment

   - posterior pelvic tilt ⇒ neutral pelvic alignment

   - 골반의 neutral alignment를 유지하면서 각자의 신체가 허용하는 만큼의 turn-out하기

4. 엄지손가락 힘 빼기(Relax!)

5. 숨을 들이 마실 때, 아랫배 나오는 걸 두려워하지 마라!

   → 배가 앞, 옆, 뒤로 불룩해져야 한다.

【제 3회】

• 일시: 2016년 9월 3일 (토) 오전 9-12시

• 참석자: 발레 지도자(12명)

목적

소매틱 발레 학습 과정을 통해 학생들이 내적인 신체 감각을 찾고, 몸의 Repatterning

(재배치)과 Rethinking(재고)을 함으로써 상해 없는 건강한 발레를 할 수 있도록

도와준다(facilitate).

주요 내용

1. 불필요하게 긴장된 근육을 풀어라!

   1) 호흡

   • 갈비뼈가 우산이라고 상상함.

   • 호흡 느끼기: 앉아서, 두 손을 갈비뼈 위에 놓고 호흡하기

- 들숨: 갈비뼈가 옆으로 벌어지고(우산이 펼쳐졌을 때 상상), 횡격막이 내려감.
- 날숨: 갈비뼈가 닫히면서(우산이 접어짐을 상상), 횡격막이 올라감.

    (이때 뒷목이 위로 길어지면서 발레의 pull-up 상태를 느낄 수 있도록 함).

- 호흡을 제대로 하면 몸이 relax 상태가 되고, 그렇게 되면 alignment가 맞아 몸이 다 연결되어 잘 할 수 있다는 생각으로 춤 출 수 있다.

    (Breathe → Relax → Align → Connect → Expect → Dance)

2. 자신의 내적인 신체 감각을 찾는 것이 제일 중요하다! (3 NOs)

   1) NO Copy your Teacher(선생님을 따라하지 말자!)

   - 시범은 보여주지만 학생들이 자신의 몸에 집중하고 느낄 수 있는 시간을 주어야 함.
   - Gesture 만 따라하면 부상의 위험이 있음.
   - '무엇을 보여줄 것인가'가 아닌 '어떻게 해야 하는가'를 가르쳐 주어야 함.

   2) NO Mirror(거울을 보지 마라!)

   - 거울을 보고 하게 되면 계속적으로 자신의 동작을 확인하고 싶어 함.

       (자신의 몸의 정렬을 확인하고자 할 때에만 거울을 보며 체크한다.)

   - 시선 쪽으로 (눈동자가 향하는 방향으로) 속 근육이 따라가기 때문에 거울을 보면서 움직이게 되면 부상의 위험도가 커짐.

   3) NO Barre(바를 잡지 마라!)

   - Point work에서 균형감각 체크를 위한 보조 기구로만 사용함.
   - 발바닥으로 무게 중심이 100% 가지 못하고, 바를 잡은 손으로 일부 분산됨.
       → 무게 중심을 잡는 데 있어서 "전혀" 도움이 되지 않음.

요점

1. Pelvic Alignment
2. 앉아서 발가락을 구부리고 부채처럼 벌려보기
3. 등을 대고 바닥에 누워 두 다리를 위로 올린 후 턴 아웃 해보기
4. 바닥에 배를 대고 엎드려, ASIS를 바닥에 닿게 한 후, 한 다리씩 Arabesque해보기

(엉덩이에 힘이 들어가지 않고, 척추 기립근의 힘으로 Arabesque)

5. Plié 할 때 발바닥이 땅을 눌러야 하며 뒤꿈치를 앞으로 밀지 말아야 함!

6. 척추 커브(경추 커브, 요추 커브)의 중요성

【제 4회】

- 일시: 2017년 2월 5일 (일) 오전 7–9시
- 참석자: 성균관대학교 무용학과 졸업생 (9명)

주제 및 목적

본 워크샵은 졸업생들을 대상으로 기존 발레 수업의 문제점을 파악하고, 어떻게 해결해 나갈 것인지를 논의, 탐구한다.

주요 내용

1. 호흡의 중요성

- 들숨 시에는 횡격막이 내려가면서 복부가 팽창되어야 하고, 날숨은 들숨의 2배로 길게 호흡을 내쉬며, 몸속의 오래된 기운을 빼내도록 한다.
- 우리 몸의 중심축(백회-회음)을 올바르게 세워야 함.

2. 올바른 골반의 사용 (※항상 호흡과 같이 수행해야 함.)

- 골반의 neutral pelvic alignment를 기억하고 있어야 함.
- Turn-out을 하는 목적은 몸의 앞뒤로의 움직임을 적게 하기 위함이다. 서있을 때 Turn-out은 발목이나 무릎의 rotation이 아닌 골반 뒤에서 이루어짐을 명시해야 함.(Greater Trochanter에 붙어있는 6개의 근육들이 사용됨.)

Center Barre에서의 지침 사항

1) Barre와 거울의 사용 제한 (No Barre, No Mirror)

- 본인 스스로 느껴서 하게 함. 거울은 단지 체크할 때에만 본다.

2) Plié

- 호흡을 내쉬면서 한다. '무릎을 구부린다'가 아닌 '골반을 접는다'는 생각으로,

경추와 요추의 curve를 유지하면서 그대로 내려가야 함.

(발가락의 1,2,3 센터 찾기. 4,5번 안정성)

- 서 있을 때 Turn-out은 뒤에서 일어나고, 일어설 때에는 골반을 먼저 펴면서 일어서야 함.
- 발을 Dorsi-Flexion 할 때에 무릎을 느슨하게 해야 함.

3) Développé

- 다리를 들어 올릴 때 척추의 curve를 유지하면서, Iliopsoas 근육을 사용해야 함.

4) Arabesque

- 아라베스크 동작에서 주로 사용되어지는 Lumbar spine은 주로 앞뒤로 움직이며, rotation은 아주 조금 가능하기 때문에 아라베스크 다리를 들어 올릴 때에는 ASIS를 그대로 유지하면서(몸통의 사각형 모양을 유지) 수행해야 함(보여지는것에 신경 쓰지 말고, 척추와 골반의 정렬이 맞도록 해야 함).

5) Rond de jambe à terre

- 골반의 neutral alignment를 지키면서, 움직이는 다리가 옆에서 뒤로 갈 때 ASIS를 그대로 유지해야 함. 다리가 뒤로 움직일 때 무게 중심이 약간 앞으로 가면서 엄지 발톱이 마루를 볼 수밖에 없음을 인정해야 함.
- 척추를 똑바로 하고 몸의 중심이 앞으로 가면서 수행해야 함.

※ 억지로 스트레칭을 하면 바깥 근육만 스트레치가 되고 속 근육은 절대 스트레치 되지 않음. (속 근육은 오직 호흡에 의해서만 스트레치가 됨!)

【제 5회】

- 일시: 2017년 2월 27일 (월) 오전 10:00 - 12:00
- 참석자: 성균관대학교 무용학과 발레 겸임 교수(8명)

주제 및 목적

본교 무용학과 겸임교수들을 위한 '소매틱 발레 교수법' 연구 및 발전 방향을 제시하고, 이를 적용할 수 있는 효과적인 방법을 모색하고자 함.

주요 내용

1. 올바른 호흡법

• 들숨 시에는 횡격막이 내려가면서 복부가 팽창 되어야 함.

• 각 선생님들의 "숨쉬기" 교수법에 대한 논의 : 올바른 pull-up 상태를 이해하기 위해 앉거나 누워서(예: Constructive Rest Position) 호흡 연습 후, Center Barre 순서로 '천천히'움직임과 함께하는 호흡법 연습(빠른 템포에서도 올바른 호흡이 적용될 수 있는 훈련법 구축 필요)

2. 골반과 몸통의 올바른 자세

• 몸통의 라인: 서 있을 때, sternum, 그리고 pubis의 위치가 수직으로 일직선이 되는 올바른 라인을 유지하도록 지도

• 골반의 위치: 발레 전공 학생들은 대부분 posterior pelvic tilt의 상태를 올바른 자세로 인지하고 있는데, 각자의 neutral pelvic alignment를 재인식할 수 있도록 도와줘야 함.

• 적용 방법: Constructive Rest Position에서 lumbar curve가 사라지지 않도록 하며, 숨을 들이마시고 내쉬면서 pubis와 sternum이 같은 선상을 유지하도록 하여 neutral pelvic alignment를 할 수 있도록 도와줘야 함. (이 상태에서 편안하게 다리를 들어 올리고 내릴 수 있도록 지도)

3. 신체의 4가지 curves를 지키며 발레하기

• 첫 번째 커브: Cervical spine에서 나타나는 커브

• 두 번째 커브: Lumbar spine에서 나타나는 커브

• 세 번째 커브: 무릎 뒤에서 나타나는 커브

• 네 번째 커브: 발바닥에서 나타나는 arch형 커브

많은 학생들이 주로 목(뒷부분)을 길게 늘리고, 골반을 posterior tilt 시키며, 무릎은 hyper-extended 된 상태에서 발바닥의 arch를 무너뜨리며 동작을 수행하고 있는데, somatic 발레 교수법을 통해 신체가 가지고 있는 자연 발생적 커브들을 유지하여

올바른 자세로 동작을 수행할 수 있도록 도와주어야 함.

(해부학적 자료와 모형들을 사용하여 신체의 curves에 대한 이해를 도움)

4. Turn-out을 하는 이유

- 6번 자세(11자)에서 앞뒤로 몸을 움직이면 앞뒤의 이동반경이 크지만, turn-out을 한 상태에서는 이동반경이 줄어든다. (그렇기 때문에, 즉, 몸의 앞뒤의 흔들림을 줄이기 위해 turn-out을 함)

- Turn-out : 골반 뒷부분에 있는 6개의 속근육들을 사용하여 turn-out을 하며, 무릎과 발목에서는 rotation을 해서는 안되며, 발이 roll-in 되지 않도록 지도한다. (단, 무릎에서는, 무릎이 구부려져 있을때에 약간의 rotation을 할 수 있다.)

5. Rising action (Relevé up)

- 발뒤꿈치를 드는 rising action에서 모든 발가락의 metatarsal bones는 바닥에 닿아 있어야 하고, 에너지는 3번째 발가락을 향해 뻗어나가도록 함.

- 먼저 발뒤꿈치를 조금만 들어 올바른 중심의 이동과 자세를 찾고, 점차 더 높은 demi-pointe position을 구축할 수 있도록 지도(지렛대 원리 설명)

6. Stretching

- PNF(Proprioceptive Neuromuscular Facilitation) Stretching에 대한 공부 필요

- 호흡에 의한 stretching

  : Constructive Rest Position에서 한 다리를 들고 호흡과 함께 점차적으로 스트레칭 하기

  : 바닥에 앉은 상태에서 다리를 옆으로 벌린 후 상체를 옆으로 스트레칭 할 때, 양쪽 sits bones가 바닥에서 떨어지지 않도록 유의하며 호흡과 함께 점차적으로 스트레칭 하기

- 발레 동작 중 side bend 수행 시

  : Quadratus lumborum을 스트레치 하면서 할 수 있도록 지도

  : Port de bras 사용에 대한 논의 → 우선 RAD 교수법에서 사용되는 port de bras로 연습시키고, 전체적인 coordination이 형성되면 팔을 변형하여 연습시키도록 함.

7. 지도자의 verbal-cue의 중요성과 신체접촉을 통한 지도에 대한 논의

- 학생들의 내적 신체 감각을 향상시킬 수 있는 적합한 verbal-cue를 사용하고, 각 학생의 특성 및 인지 수준에 맞게 개별적 접근방식을 적용하도록 함.
- 수업 전 학생들이 지도자에게(비공개적으로) 신체 접촉에 대한 자신의 의견을 표출할 수 있는 기회를 제공해야 함.

8. 거울 사용 제한

- 특정 alignment를 설명하거나 확인하기 위한 상황 외에는 거울 사용을 제한함.

【제 6회】

- 일시: 2017년 3월 3일 (금) 오전 9:30 − 12:00
- 참석자: 성균관대학교 무용학과 석사과정 (5 명)

주제 및 목적

자신의 내적 신체 감각 일깨우기

주요 내용

1. How to Breathe?

2. How to turn-out?

3. How to Plié & Etendre ?

【제 7회】

- 일시: 2017년 4월 1일 (토) 오후 7:00 − 9:00
- 장소: 광주여자대학교 무용실
- 참석자: 광주 지역 발레 지도자들

주제 및 목적

신체 구조의 이해와 올바른 수행을 위한 재교육(Re-educate)

주요 내용

1. 참여자들의 문제 제기

2. 경청하기

3. 공유하기

4. Problem solving

【제 8회】

- 일시: 2017년 4월 21일 (금) 오전 9:00 - 11:00
- 참석자: 성균관대학교 무용학과 석사과정 (5명)

주제 및 목적

Embodiment [체(현)화 하기!] : 알기만 하면 뭐하나? 몸이 안 되는 것을… 그렇기 때문에 우리는 반복 연습을 해야 한다.

주요 내용

1. 단전호흡

2. 무게 중심 (Center of Gravity) 인지하기

3. Plumb Line 인지하기

4. 6 Deep hip rotators for Turn-out

5. How to Cambre forward & return to standing position.

【제 9회】

- 일시:2017년 6월 9일 (금) 오전 7:00 - 10:00
- 참석자: 소매틱 발레 지도자 (성균관대학교 발레 겸임교수 9명)

주제 및 목적

한 학기를 마무리하면서 소매틱 발레 지도자를 대상으로 그간 교습하였던 경험을

바탕으로 보다 적절한 티칭 전략을 모색하고자 함.

주요 내용

1. 무게 중심 이동

2. 어깨와 팔의 움직임

3. 척추와 골반의 얼라인먼트

4. 호흡, 외

【제 10회】

- 일시: 2017년 8월 24일 (목) 오전 10:00 – 12:00
- 참석자: 발레 교강사

주제 및 목적

밀레니얼 세대(Y세대)를 위한 소매틱 발레 티칭 전략

주요 내용

1. 소매틱 발레 티칭 경험 공유

2. 밀레니얼(millenials) 세대 관련 선행연구

3. 밀레니얼 세대의 특징

4. 밀레니얼 세대를 위한 소매틱 발레 페다고지

【제 11회】

- 일시: 2017년 10월 14일 (토) 오후 1:10 – 2:20
- 참석자: 대학 입시 수험생 (31명)

주제 및 목적

발레 테크닉 향상을 위한 올바른 신체 구조와 기본 원리의 이해

주요 내용

1. 동작 수행 시 올바른 호흡법 (Breathe)

2. 불필요한 근육의 긴장 풀기 (Relax)

3. 몸의 정렬 맞추기 (Align)

【제 12회】

- 일시: 2017년 12월 6일 (수) 오전 8:00 – 10:00

- 참석자: 소매틱 발레 지도자(성균관대학교 발레 겸임교수 9명), 성균관대학교 석, 박사 재학 및 졸업생 (6명)

주제 및 목적

Somatic Ballet의 올바른 교육 방법: 학습자의 내적 신체 감각을 증진 시키기 위하여 교육자는 어떻게 수업을 진행해야 하는가?

주요 내용

1. 학습자가 다른 학습자와 비교하지 않고, 자신의 내적 신체 감각을 믿을 수 있도록 해준다.

2. 교육자의 움직임을 모방하지 않도록 한다.

3. 보여지는 기교 완성보다 자신의 몸에 맞는 신체 리듬에 집중할 수 있도록 도와준다.

4. 학습자 스스로 생각할 수 있는 학습 환경을 조성해준다.

   – Journal 쓰기

   – Self evaluation (영상촬영)

【제 13회】

- 일시: 2017년 12월 17일 (일) 오전 10:00 – 12:00

- 참석자: 월간「춤과 사람들」주최, 무용 연수회 수강생들

- 보조교사: 김윤수, 김재석, 서고은 (Certified Somatic Ballet® Teachers)

주제

발레 학습에 있어서 신체 원리의 올바른 적용

목적

발레를 배우고자 하는 학생들이 부상을 당하지 않고 더욱 더 안전하게, 건강하게
그리고 오랫동안 발레를 할 수 있도록 하기 위함이다.

> for Safer,
>
> for Healthier, and
>
> for Longer careers in Ballet.

주요 내용

1. 동작 수행 시 올바른 호흡법 익히기.

2. 몸의 정렬 맞추기.

3. 동작 수행 시 반드시 필요한 주요 근육의 시작 부위 인지하기.

4. 불필요한 근육의 과도한 긴장 풀기.

【제 14회】

- 일시: 2018년 2월 20일 (화) 오후 12:30 – 4:00
- 참석자: 소매틱 발레 교사

주제 및 목적

소매틱 발레의 단계별(초급, 중급, 고급) 지도법 모색

주요 내용

학습자의 연령, 학습 경험과 기간, 및 성별에 따른 지도법 연구

1. 잘못된 학습 습관에 대한 재고 (Re-think).

2. 올바른 움직임으로 재배치 (Re-pattern).

3. 자신의 신체에 맞는 움직임 자각 (Self-awareness).

【제 15회】

- 일시: 2018년 5월 29일 (화) 오전 7:00 − 10:30
- 참석자: 성균관대학교 무용학과 재학생들

주제 및 목적

발레 전공자들뿐 아니라 현대무용, 한국무용 전공자들의 움직임 원리에 대한 올바른 이해를 돕기 위함이다.

주요 내용

동작 수행 시 이에 적합한 호흡, 움직임의 시작부위(initiation), 주요 근 골격 인지하기.

생각해야 할 점들

1. Plié를 할 때 호흡은 어떻게 해야 하는가?
2. 신체 부위를 움직일 때 어떤 근육부터 생각해서 사용하기 시작해야 하는가?
3. 무게 중심을 이동할 때 신체의 어느 부위부터 움직이기 시작해야 하는가?
4. 왜 오른쪽부터 연습을 시작해야 하는가? (Why not left first?)
5. 안 되는 동작을 자꾸 반복 연습을 하면 정말 잘되는 것인가?

【제 16회】

- 일시: 2018년 6월 5일 (화) 오전 7:00 − 10:30
- 참석자: CSBTs (Certified Somatic Ballet Teachers)

주제 및 목적

학생들의 내적 신체 자각을 증진 시킴으로써 테크닉 숙달뿐 아니라 예술성을 발달시킬 수 있는 방법론을 모색하고자 한다.

주요 내용

1. Body − Alignment, Body Parts
2. Effort − Inner Energy

3. Shape – Changes in Form

4. Space – Spatial Pathways & Spatial Tensions

【제 17회】

- 일시: 2018년 8월 15일 (수) 오전 9:00 – 11:40

- 참석자: CSBTs (12명)

Themes

1. Application of 'Kouk Sun Do' for teaching ballet

2. How daily life movements affect ballet training?

   How do u – Breathe?

   　　　　– Stretch?

   　　　　– Walk?

   　　　　– Sit?

3. Why Barre? "Let go of the barre", and "Keep on your own legs!"*

연구 주제

1. 우리나라 전통 심신 수련법 중의 하나인 '국선도' 행공의 준비, 정리 운동의 체득을 통하여 참신한 발레 교육 방법을 모색한다.

2. 우리 일상생활에서의 움직임, 즉, 숨쉬고, 기지개 펴고, 걷고, 앉고 등의 움직임들이 발레 교육에 어떻게 영향을 미치는가?

3. 왜 Barre를 잡고 연습하는가?

   Barre에서 벗어나 우리 자신의 다리로 움직이도록 하자!

---

* Autere, A. (2013). The Feeling Balletbody: Building the Dancer's Instrument According to BalletBodylogic. Pittsburgh, PA: Dorrance Publishing, p. 23.

【제 18회】

- 일시: 2018년 10월 6일 (토) 오후 1:30 − 3:00
- 참석자: 성균관대학교 수시 실기우수자 전형 수험생 (35명)

Theme

1. How do you relax when you are extremely nervous?

2. How do you shift your weight before you move?

3. How do you raise your leg?

4. How do you jump?

연구 주제

1. 유깃 댄스(Yugid Dance): 일본 정체협회(整体協會)의 교육 내용 중 하나인 유기법
   (愉氣法)과 마사 에디(Martha Eddy)의 BodyMind Dancing™의 Fluid Exercise에
   기초하여 개발된 신체 자발적 무용/움직임.

2. Lateral Shift: You should completely transfer your body weight over the
   standing(supporting) leg.

3. Trust 'iliopsoas'!: 한 쪽의 iliopsoas 근육은 600kg을 들 수 있는 힘이 있다고 합니다.
   당신의 다리 하나의 무게는 고작 10kg도 되지 않을 텐데요. 더 이상 설명이
   필요한가요?

4. Jump를 잘하고 싶으세요?: You should push down against the floor with focusing
   on the body alignment(feet, knees, pelvis, spine, and head).

【제 19회】

- 일시: 2019년 4월 13일 (토) 오전 9:00 − 12:00
- 참석자: 12 CSBTs & 4 more Contemporary dancers (총 16명)

Theme

Katsugen Undo (갓츠겐 운도: 活元運動)

Goal

To keep the body in good condition

Objective

To activate extra−pyramidal movement through moving unconsciously

Contents

1. Preparatory Exercises : 몸속의 오래되고 나쁜 기운이 다 나갈 수 있도록 숨을 토해낸다.

2. Katsugen Undo : 몸이 완전히 편안해졌을 때 갓츠겐 운도가 저절로, 자연스럽게 시작된다.

3. Mutual Katsugen Undo (상호 갓츠겐 운도) : 두 사람의 상호 움직임으로 몸의 민감성을 높인다.

【제 20회】

• 일시: 2019년 4월 16일 (화) 오전 9:00 − 10:40

• 참석자: 성균관대학교 무용학과 발레 전공(1학년) 학생들

Theme

"Get back to the Basics!"

Goal

To improve the performance skills.

To prevent the ballet injuries.

Objective

To follow the laws of human body.

Contents

1. How to lower your body?

2. How to transfer your weight?

3. How to point and flex your ankle joints?

4. Make sure you initiate jumps with heels! Otherwise,???

【제 21회】

• 일시: 2019년 5월 28일 (화) 오전 7:00 − 8:50

• 참석자: 성균관대학교 무용학과 학생들

Goal

To be aware of the Body as a whole.

Objectives

To be aware of the plumb line.

To be aware of alignment in the joints.

To strengthen the inside muscles.

Key words for the exercises

breathe, relax tensions, relax outside muscles, effortless, slow, initiation, imagery

Guide lines

1. To ensure that your buttock muscles are not gripping. (Do not tuck under!!!)

2. Jump with the spine.

3. Elevate with the spine.

---

* Autere, A. (2013). *The Feeling Balletbody: Building the Dancer's Instrument According to BalletBodylogic*. Pittsburgh, PA: Dorrance Publishing, p. 287.

【제 22회】

- 일시: 2019년 6월 2일 (일) 오전 9:00 − 11:20
- 참석자: CSBTs and their partners (23 명)

Theme

Mutual Katsugen Undo

Goals

To reinforce one's health.

Objectives

To increase the sensitivity of the body by doing Katsugen Undo in pairs.

Guide Lines

1. Preparatory Exercises

2. Katsugen Undo by themselves

3. Mutual Katsugen Undo (Ⅰ, Ⅱ)

Key words for the exercises

1. Do not try to control your partner's movements and the movements of your own hands.

2. Let the movement flow naturally.

【제 23회】

- 일시: 2019년 6월 4일 (화) 오전 7:00 − 8:50
- 참석자: CSBTs (총 9명)

Theme

Re−educate the Dancers' Body

Goals

— Proximal precedes Distal.

— To Create More Movement Potential.

Objectives

1. To warm—up the joints(Shoulder joints, hip joints, and vertebrae)

2. To strengthen 'iliopsoas muscles'

3. To be aware of the articulation

4. To re—think

   • how to port de corps

   • how to port de bras

Key words for the exercises

1. Relax and release tensions to allow for maximal space in the joint.

2. Isolation of the movement patterns.

3. Transfer Images.

4. Do not tuck under!

---

* Autere, A. (2013). *The Feeling Balletbody: Building the Dancer's Instrument According to BalletBodylogic.* Pittsburgh, PA: Dorrance Publishing, p. 10.

【제 24회】

• 일시: 2019년 9월 1일 (일) 오전 10:00 — 13:00

• 참석자: 10 CSBTs & 4 more Somatic Dance Educators

Theme

"Somatics for What?"

Goals

- To enhance individual and cultural expression, and creative exploration through somatic dance education.
- To revive the joy of Dance.

Objectives

1. Understanding others by sensing self.
2. Honoring Individual Uniqueness and Embracing Diversity.
3. Nourishing dance technique class with somatic principles.

Guide Lines

1. Listen to the voice of your body.
2. No Judgement!
3. Embody "Being Presence".
4. Share "Responsibility".

【제 25회】

- Date: Sept. 29(Sun), 2019. 9:30 AM − 12:00 PM
- Place: Ballet Epaulement

Theme

Is 'Ballet Body' different from 'Human Body'?

Goal

Basic Understanding of the Logic of Human Body.

Objectives

- To perceive your own body.
- To understand the secondary curves.
- To embody how the articulations move.

Guidelines for secondary curves (Thomas Myers, 「Anatomy Trains」, p. 117)

• Secondary curves

  1. Cervical curve

  2. Lumbar curve

  3. Knee curve

  4. Arches of the feet

Guidelines for 4 major joints (Annemari Autere, 「The Feeling Balletbody」)

1. Ankle Joints

   "The Ankle joints do not Do Do Do rotation!" (p. 217)

2. Knee Joints

   "Knees are considered to be hinges." (p. 231)

   "Knees can only spiral when they are bent." (p. 235)

3. Hip Joints

   "The supporting leg's turn out takes place in the back." (p. 242)

     → Use 6 deep rotators of the hip joint.

   "The performing leg's turn out takes place in the front." (p. 246)

     → Use Psoas muscles.

4. Shoulder Joints

   "Serratus Anterior muscles are responsible for space in the shoulder joints."(p. 273)

【제 26회】

• Date: Nov. 27(Thu), 2019. 7:00 AM − 9:00 AM

Theme

Happy Body, Healthy Ballet!

Goal

Honor Your Body with Mindfulness.

Objective

To create a healthy relationship with yourself.

Key Words

Awareness, Mindfulness

Guidelines

- Listening to the voice of your own body.

- Be kind to yourself.

- To observe others and share observations.

【제 27회】

- Date: Dec. 4(Wed), 2019. 7:00 AM − 10:30 AM

Theme

To comply with the "Somatic Principles"

Goal

To prevent "Ballet Injuries"

Objective

Be knowledgeable in the moving Body.

Guidelines

- Try listen to yourself first and then move.

- Try not to impress others.

---

* Somatic Principles: 'BRACED'. Kim, K. (2017). A Study of Principles for Somatic Movement Education/ Therapy. *Dance Research Journal of Korea*, 75(1), 21−36.

- To Breathe

- To Relax

- To Align

- To Connect

- To Expect

- To Dance

【제 28회】

- Date: Jan. 19(Sun), 2020. 10:00 AM − 12:00 PM

Theme

'Fit for Ballet' (Not Ballet for Fit)*

Goals

- To (re) gain the vitality to enjoy the "Joy of Ballet"

- To stay "Fit & Healthy" for Ballet

- Easier, Freer(Safer), & Healthier with greater pleasure

Objectives

- To make a sound sounding of the Ballet Body through 'Somatic Embodiment Process'

    − (Re) aligning the body parts.

    − (Re) building resilience in muscles, tendons, ligaments, & fascia.

- To correct muscular imbalances.

- To reduce ballet injuries.

Contents

- Dead Lift

- Squat

- Clam Shell

- Pull—Over

- Leg Lifts(Leg Raises)

- Pelvic Forward Shift**

Guidelines

- Make sure to keep your spine aligned.

- With the optimal breathing.

- Proximal precedes Distal.

- Focus on the muscles you are targeting.

---

* "Only taking ballet class leads to imbalances and weakness" Wonzy, N. (2017, March). "What are they doing wrong?", *Dance Magazine*.

** Bartenieff, I. & Lewis D. (1980). *Body Movement: Coping with the Environment*. New York, NY: Routledge, pp. 238—239.

【제 29회】 —《During this time of 'Social Distancing'》

- Date: April 5 (Sun), 2020. On—Line Ballet Class for 'Distance Learning'

Theme

'Inside Muscles' & 'Core Muscles'

Goals

- To align the bones according to Mother Nature's way.

- To stabilize the thorax and the pelvis during dynamic movement.

Contents

"How to activate Inside Muscles & Core Muscles"

　　— Inside Muscles

　　　　- 6 deep rotators of the hip joints

- psoas major

- transversospinalis

- sarratus anterior

- diaphragm

- quadratus lumborum

− Core Muscles

- transversus abdominis

- internal & external obliques

- rectus abdominis

- longissimus thoracis

- multifidus

- pelvic floor muscles

- diaphragm

Guidelines

- With the optimal breathing.

- Focusing on the origin and insertion of the muscles.

【제 30회】−《During this time of 'Social Distancing'》

- Date: April 20 (Mon), 2020. On−Line Ballet Class for 'Distance Learning'

Theme

Ideal Alignment (Ⅰ) & Fit(ness) for Ballet (Ⅰ)

Goal

To prevent Ballet Injuries.

Objectives

- To study the weakened muscles (Ⅰ) due to the erroneous verbal cue, i.e., "tuck under!"– an unpardonable sin.*

- To develop the optimal training exercises (Ⅰ) for strengthening the weakened muscles.

- To study "Somatic Ballet" remotely and efficiently.

Contents

1) Weakened muscles (Ⅰ)

　　－ erector spinae

　　－ gluteus

　　－ hamstrings

　　－ quadracepts

2) Exercises (Ⅰ)

　　－ Dead Lift

　　－ Squat

　　－ Clam shell

Guidelines

- Notice where you are.

- Find your balance.

- Focus on the muscles you are targeting.

---

* Autere, A. (2013). *The Feeling Balletbody: Building the Dancer's Instrument According to BalletBodylogic*. Pittsburgh, PA: Dorrance Publishing, p. 10.

【제 31회】–《During this time of 'Social Distancing'》

- Date: April 27 (Mon), 2020. On–Line Ballet Class for 'Distance Learning'

Theme

Ideal Alignment (Ⅱ) & Fit(ness) for Ballet (Ⅱ)

Goal

To prevent Ballet Injuries.

Objectives

- To study the weakened muscles (Ⅱ) due to the erroneous verbal cue, i.e.,

  "tuck under!"– an unpardonable sin.*

- To develop the optimal training exercises (Ⅱ) for strengthening the weakened muscles.

- To study "Somatic Ballet" remotely and efficiently.

Contents

1) Weakened muscles (Ⅱ)

   – core muscles

   – psoas major

   – adductors of hip

2) Exercises (Ⅱ)

   – Plank

   – Leg raise

   – Side lunge, & Draw the leg towards the mid–line of the body

Guidelines

- Notice where you are.

- Find your balance.

- Focus on the muscles you are targeting.

---

* Autere, A. (2013). *The Feeling Balletbody : Building the Dancer's Instrument According to BalletBodylogic.* Pittsburgh, PA: Dorrance Publishing, p. 10.

【제 32회】–《During this time of 'Social Distancing'》

- Date： May 4 (Mon), 2020. On–Line Ballet Class for 'Distance Learning'

Theme

Ideal Alignment (Ⅲ) & Fit(ness) for Ballet (Ⅲ)

Goal

To prevent Ballet Injuries.

Objectives

- To study the weakened muscles (Ⅲ) due to the erroneous verbal cue, i.e.,

  "tuck under!"– an unpardonable sin.*

- To develop the optimal training exercises (Ⅲ) for strengthening the weakened muscles.

- To study "Somatic Ballet" remotely and efficiently.

Contents

1) Weakened muscles (Ⅲ)

    − latissimus dorsi

    − teres major

    − sarratus anterior

    − pectoralis minor

2) Exercises (Ⅲ)

    −'Lat Pull Down' & 'Row'

    − Lift arms (w/ thera band)

    − Push the arms forward (w/ thera band)

    − Open chest (w/ thera band)

Guidelines

- Notice where you are.

- Find your balance.

- Focus on the muscles you are targeting.

* Autere, A. (2013). *The Feeling Balletbody: Building the Dancer's Instrument According to BalletBodylogic.* *Pittsburgh*,PA: Dorrance Publishing, p. 10.

【제 33회】–《During this time of 'Social Distancing'》

• Date: May 11 (Mon), 2020. On–Line Ballet Class for 'Distance Learning'

Theme

Functional Stretching of the Spine

Goal

To increase 'flexibility' and 'mobility' safely in the most efficient way.

Objectives

• Becoming aware of the inner muscular sensation.

• Waking up the deeper layers of muscles and registering on the senses.

• Learning to relax unnecessary tension.

• To elongate the 'fascia'.

Contents

– Dynamic (Active) Stretching [Not Static (Passive) Stretching] for inside muscles.

– Deep Stretching with 'Danjeon Breathing'.

– Exercises

  • Roll down & up in standing position

  • Extension & Flexion of the neck in sitting position

  • Side bend of the spine

  • Rotate of the spine

Guidelines

• Try not to show the old–fashioned "lying in the frog position", or any other impressive, luxurious stretch positions for more than one minute.

- Dispel the myth of 180−degree turnout! "…180−degree turn out is not possible, necessary, or even healthy for all ballet dancers."*(p. 111)

- Never bounce!* (p. 186)

- Stretch slowly with the optimal breathing.

---

* Autere, A. (2013). *The Feeling Balletbody: Building the Dancer's Instrument According to BalletBodylogic.* Pittsburgh, PA: Dorrance Publishing, p. 111, & p. 186.
- "Static (passive) stretching before classes decreases strength, speed, agility, and useful range of motion." Wonzy, N. (2017, March). "What are they doing wrong?", *Dance Magazine.*
- "Static (passive) stretching after classes allows deep stretching to take place." Thomasen, E. & Rist, R. A. (1996). *Anatomy & Kinesiology for Ballet Teachers.* London: Dance Books, p. 84.

【제 34회】−《During this time of 'Social Distancing'》

- Date: May 25 (Mon), 2020. On−Line Ballet Class for 'Distance Learning'

Theme

Feet & Ankle joints

Goal

Balancing & Counter−balancing

Contents

− Sole of foot (Plantar)

− Flexion (Dorsi & Plantar)

− 'talus bone' as a strong weight−bearing platform

− 'hallux valgus' on flat−feet due to the erroneous verbal cue, i.e., "Push your heels forward!"

− Two Arches of the Feet: longitudinal arch, transverse arch

– Exercises

- Massage the sole of the feet

- Spread out & Curl the toes

- Foot writing

- Squat on the Balance (Bosu) Ball

Guidelines

- No rotation (turn-out) in the ankle joints. Never Happened!

- Ten toe nails face ceiling.

- Three toes in the middle are pointing, when Plantar Flexion.

- Just think about 'Talus Bone' when you do point your feet.

【제 35회】–《During this time of 'Social Distancing'》

- Date: June 1 (Mon), 2020. On–Line Ballet Class for 'Distance Learning'

Theme

How walking affects dancing?

Goal

Ease in Walking, Ease in Dancing.

Contents

- Recognizing your 3rd toe

- 50 steps*

- Stepping into someone else's gait

- Lateral shift

- 'Peel and Pedal'**

- Walking by psoas major

- Walking by sits bones

• Walking backwards

Guidelines

• Notice how you walk.

• Observe partner.

• Share observation.

---

* Autere, A. (2013). *The Feeling Balletbody: Building the Dancer's Instrument According to BalletBodylogic*. Pittsburgh, PA: Dorrance Publishing, p. 280.

** Romita, N. & Romita, A. (2016). *Functional Awareness*. New York: Oxford University Press, p. 53.

【제 36회】-《During this time of 'Social Distancing'》

• Date: June 8, 15 (Mon), 2020. On-Line Ballet Class for 'Distance Learning'

Theme

Floor Exercises (Ⅰ, Ⅱ, Ⅲ)

Goals

• To release unnecessary tension.

• To wake up the body as a whole.

• To improve your energy & blood circulation.

• To activate the function of internal organs.

• To restore the energy to Dance (Ballet) !

Contents

1. In Sitting Position : (Ⅰ)

— Patting the body

— Rotating the ankles

— Hitting the sole of the feet(Stimulating 'Yong Cheon' -- Kidney Meridian)

― Massaging the calves

― Twisting the upper body, & more⋯

2. In Supine Position : (Ⅱ)

　　― Shaking hands & feet

　　― Knees drop

　　― Legs circle

　　― V ups

　　― X―roll

　　― Shoulder stand

　　― Full bridge, & more⋯

3. In Prone Position (Ⅲ)

　　― Tapping the floor w/ finger tips & toes

　　― Reversed X―roll

　　― Lifting Left leg & Right leg

　　― Rolling on the stomach

　　― Tapping lower back ('kidneys')

　　― Waving the whole body ('tiger pose'), & more⋯

Guidelines

• Relax & Release tension.

• Slowly!

• Focus on "Breathing (Lower Danjeon Breathing)".

• Stretch as far as you can go. (Never 'Die Hard'!)

• Follow your own rhythm.

• Easier, Safer, Deeper, & Stronger.

* Hur, K. (2009). *Kouk Sun Do* . Seoul: Barkmoonhwa Media.
** Bartenieff, I. (1980). *Body Movement: Coping with the Environment*. London: Psychology Press.

【제 37회】-《During this time of 'Social Distancing'》

• Date: June 22, 29 (Mon), 2020. On-Line Ballet Class for 'Distance Learning'

Theme

Center Barre (Ⅰ, Ⅱ)

Goal

To improve the performance skills for all Ballet dancers.

Objectives

• Cultivating the self-awareness

• Re-patterning the body memory

• Re-considering the erroneous verbal cues*;

    #1: Tuck under.

    #2: Tighten your buttocks.

    #3: Push your heels forward.

    #4: Hold your tummy in.

Contents (Ⅰ, Ⅱ)

• Why & How to turn-out?

• How to plié and etendre?

• How to rise up (relevé-up)?

• How to cambré (forward, backward, & sideward)?

• How to port de bras?

• How to tendu & to close to 5th position (or closed position)?

• How to lift your leg (relevé lent)?

• How to do 'Arabesque' & 'Penché Arabesque'?

Guidelines :

• No Barre**

- No Mirror***

- Sensing

- Breathing

- Re−thinking

- Re−patterning

---

* Autere, A. (2013). *The Feeling Balletbody : Building the Dancer's Instrument According to BalletBodylogic*. Pittsburgh, PA: Dorrance Publishing, pp. 7−15.

** Paskevska, A. (1981). *Both Sides of the Mirror*. Princeton: Princeton Book Company.

*** Beaumont, C. & Idzikowski, S. (1975). *A Manual of the Theory and Practice of Classical Theatrical Dancing (Méthode Cecchetti)*. New York: Dover Publications.

【제 38회】−《During this time of 'Social Distancing'》

- Date: July 6, 13 (Mon), 2020. On−Line Ballet Class for 'Distance Learning'

Theme

Center Barre (Ⅲ, Ⅳ)

Goal

To improve the performance skills for all Ballet dancers.

Objectives

"BRACED" − To prevent Ballet Dancers from being injured −

- Breathe

- Relax

- Align

- Connect

- Expect, &

- Dance

Contents (Ⅲ, Ⅳ)

— Fluid Exercises for warm—up

— Unconscious (sub-conscious) movements for warm—up

— How to Fondus, Retiré, & Developpé

— How to Rond de jambe à terre & en l'air (en dehors & en dedans)

— How to jump?

— How to turn? (Where to rotate your neck?)

【제 39회】-《During this time of 'Social Distancing'》

• Date: August 6 (Thurs), 2020. 9:00 AM — 11:30 AM

Theme

New Normal Somatic Ballet Teaching Strategy for Socially Distanced Students

Goal

To reduce the side effects of 'Distancing Learning'

Contents

— How to see them as a whole?

— How to hear their breath?

— How to smell them?

— How to touch them?

— How to interact with them sympathetically?

— How to make the interrelationship between the students?

— What is soma?

— 'Neuroplasticity'

— Stimulating 'Olfactory Cortex' from Feldenkrais Method

Guideline

– Simple, Slow, Small movement exercises make a big difference! *

–"… 터럭만큼의 차이가 천 리의 어긋남을 가져온다."** –「역경」–

---

* Kim, K. (2017). A Study of Methods and Tools for Somatic Embodiment Process. *Dance Research Journal of Korea*, 75(4), 1–17.

** 임은(林殷). (1993). **한의학과 유교문화의 만남** (문재곤, 역). 서울: 예문서원. (1999), p. 79.

후기(Testimonials) 모음

나는 소매틱 발레 워크숍을 통해서 신체가 편안한 자세에서 발레를 할 수 있다는 것을 처음 느껴 보았다.

2016. 08. 11.
강나＊ (제 1회 참여자)

소매틱 발레, 건강하고 오래 발레를 할 수 있다는 믿음은
우리나라 발레 교육에 어떤 변화를 가져올 수 있을까?
단지 김경희 교수님 개인의 열정이나 소수 강사들의 노력을 넘어 좀 더
근본적이고 반성적인 파장을 불러일으킬 수 있을까?
그러려면 어떤 단계와 과정을 통해 변화가 이루어져야 할까?
소매틱 발레 워크숍은 이러한 질문을 던지는 자리였다.

2016. 08. 16.
정옥＊ (제 2회 참여자)

소매틱 발레 워크숍은 …
인체에 대한 학문적 이해를 (올바른 신체적 자세와 움직임을 인지하는 능력) 기초로 한
소매틱 발레 교수법을 학습하며 학생들의 자체적 신체 인지 능력을 향상시킬 수 있는
다양한 방법들을 모색할 수 있었던 유용한 시간이었습니다.

2016. 08. 16.
양영＊ (제 2회 참여자)

바른 자세를 유지하며 바르게 몸을 사용하는 것은 발레에서뿐만 아니라 일상생활에서 또한 아주 중요한 일이다.

2016. 09 .03.
조한*(제 3회 참여자)

소매틱 발레를 경험하고 나니, 머리가 많이 어지러워졌습니다. 제가 생각했던 기존의 발레 기초가 몸에 정렬이 아닌 비틀림이라는 것을 느끼고 좀 더 생각하게 되었습니다.

바(barre)가 없는 발레, 거울을 보지 않는 발레⋯ 어디에서부터 시작해야 될지 모르겠습니다. 학생들마다 몸이 다른데 어떻게 말해줘야 할지 고민입니다. 이런 수업을 더 많이 더 많은 사람들과 같이 고민하고 싶습니다. 좀 더 생각하는 선생님이 되어야겠어요. 좋은 시간 감사합니다.

2016. 09. 03.
김**(제 3회 참여자)

아라베스크나 턴아웃, 다리를 들었을 때 쓰는 근육이 무엇인지 알았을 때는 다소 충격적이었습니다. 워크숍을 통해, 내 몸에 대해서 다시 생각했고 내가 가르쳤던 학생들 중 부상을 입었던 학생들에 대해 생각했습니다. 왜 아팠고, 왜 그 부분이 아팠는지 다시 생각하게 되었습니다.

2016. 09. 03.
소현*(제 3회 참여자)

소매틱 워크샵을 통해 '나는 왜 신체의 변형이나 부상 없이 건강한 몸을 유지하면서 발레를 할 수 없는가'에 대한 생각을 지금까지 하지 않았는가에 대해 반성하는 계기가 되었으며, 지금이라도 빨리 우리 신체에 대한 개념을 재정렬하여 이를 발레에 적용해야 겠다는 생각이 들었다.

학교에서 발레 전공자들을 가르치는 한 사람으로서 끊임없이 공부해야 할 의무가 있음에도 불구하고 학생들에게 올바른 신체 사용법을 기반으로 한 발레에 대해 늦게 알려주게 되고 지금까지 아이들에게 잘못 가르쳐 준 부분에 대해 미안함을 느끼고 반성한다. 앞으로는 꾸준한 공부를 통하여서 학생들이 건강한 몸으로 발레를 할 수 있도록 도와야겠다.

2017. 02. 05.
김다＊(제 4회 참여자)

내가 했던 발레가 나의 몸을 테크닉에 맞추려는 것에 집중했다면 소매틱 발레는 나의 몸에 테크닉을 맞추는 것이라고 할 수 있다. 이번 워크샵에서 학생들에게 제대로 알려주어야겠다고 생각했던 것이 플리에와 호흡이었다.

소매틱을 공부하면서 이미지와 언어의 큐에 따라 학생들의 학습의 변화가 나타나는 것을 눈으로 보게 되면서 그 중요성을 깨닫게 되었다. 이제 교육현장에서도 서서히 변화의 바람이 필요하다. 교육자들도 조급해하지 말고 학생들에게 시간적 여유를 주는 훈련이 필요한 시기인 것 같다.

2017. 02. 05.
서수＊(제 4회 참여자)

제가 교육을 하면서 이때까지 제자를 얼마나 혹사시켰는지 미안한 마음이 듭니다. 발레에 대한 고정관념을 바꾸어야 한다고 느낀 하루였습니다.

2017. 04. 01.
스＊＊＊(제 7회 참여자)

발레를 한 지 35년 됩니다. 요즘 나이를 먹다보니 고관절, 무릎, 관절들이 아파요. 이런 현상들이 오랫동안 베인 나쁜 습관과 무리한 턴 아웃, 스트레치라는 것을 알게 해준 수업이었습니다. 늦었지만 욕심 부리지 않고 제자들을 가르칠 때 각자의 몸 상태에 맞춰 무리하지 않게 지도하도록 노력하겠습니다. 좀 더 몸에 대해 공부해야겠다는 생각도 드는 수업이었습니다.

2017. 04. 01.

임＊＊ (제 7회 참여자)

무용을 짧다면 짧은 시간, 길다면 긴 시간 동안 해왔는데, 지금까지 알고 있던 것들과 배워왔던 것들이 몸을 혹사시키고 있다는 것을 느꼈습니다. 동작이 되지 않으면 '내 몸이 왜 그럴까?'라는 생각에 자책만 해왔던 저를 돌아보는 시간이 되었고, 비록 지금은 무용을 하지는 않지만 평소 생활 습관부터 바꿔 올바른 몸으로 다시 태어나야겠다는 생각이 들었습니다. 뜻깊은 시간이었습니다.

2017. 04. 01.

채＊＊ (제 7회 참여자)

'어떻게' 서 있는가? 는 굉장히 중요한 체크 포인트 중 하나이다. 흔히 신체 측면의 Plumb-line을 보고 alignment를 맞추곤 했는데, 더 나아가 집중해야 하는 곳은 우리가 '단전'이라고 부르는 Center of gravity이다. 엄지 발끝 아래의 마디가 바닥을 디디고 단전에 집중하여 몸의 정렬을 맞추어 보면 그동안 내가 뒤꿈치에 무게를 싣고 서 있었다는 것을 느낄 수 있었다. 저절로 sacrum이 제자리를 찾아 걸음이 가벼워지고, 무게가 앞으로 실리는 느낌이 들었다. 올바른 서 있기와 올바른 호흡이 동시에 이루어진다면 불필요한 긴장이 생기지 않고 누구나 몸이 편해짐을 느낄 수 있을 것이다.

2017. 04. 28.

김＊＊ (제 8회 참여자)

잘못된 골반의 기울임이 단지 발레수업 내에서만 일어나는 것이 아니라, 평소 생활에서도 유지되고 있음을 알 수 있었는데, 이는 나 자신의 생활을 되돌아보는 시간을 통해 더욱 확실히 느낄 수 있었다. 워크샵 이후 신기하게도 이러한 생활 습관을 교정하며 평소 있었던 허리나 골반의 통증을 많이 완화시킬 수 있었다. 그러면서

일상생활에서 지속적으로 그리고 의식적으로 골반의 올바른 위치를 느끼고 유지

시키는 것이 얼마나 중요한지 새삼 깨닫게 되었다.

　　이번 워크숍은 학생들의 신체 인지 능력을 키울 수 있는 방법들을 논의한 유익한

시간이었을 뿐 아니라, 발레수업과 일상생활을 어떻게 꾸준히 연계시킬 것인가에

대한 더욱 깊은 고민을 할 수 있는 소중한 시간이었다.

2017. 05. 09.

양＊＊(제 9회 참여자)

자기 성찰(Self-Reflective)의 시간이었다.

　　자신이 학습했던 유익한 정보와 경험을 그저 학생들에게 주고 싶었던 '열망'만

가득했었다. 이를 수용해야하는 대상에 대한 연구가 전혀 없었다. 우리는 'Classical

ballet(고전 발레)'를 하는 사람들이기에 모두가 다 똑같은 이상과 꿈이 있다고만

생각했었다. 그런데, 그것이 아니었다.

　　현재, 대학생들을 밀레니얼 세대, 혹은 Y 세대라고 한다. 그들에 대한 이해가 좀

더 있었더라면…,

　　학생들에게 미안하고, 또 고마운 생각이 든다.

　　사실 내가 학습의 현장에서 공부한 것보다 우리 학생들이 나에게 더 많은 것을

가르쳐 주었다. 그들과 공유하고 싶다. 그 전에 그들을 깊이 이해해야한다.

　　그 동안 나는 가르치고자 하는 내용만 있었지 전략이 없었던 것이다. 소매틱

발레의 티칭 전략에 대해 논문까지 썼지만, 정작 가르쳐야 할 대상인 학습자에 대한

연구가 없었던 것이다. 자기 성찰(Self-Reflective)의 시간이었다. 이 또한 소매틱의 학습

과정 중 하나이다.

2017. 09. 20.

김경희 (제 10회 교수자)

밀레니얼 세대를 위한 발레 교육법

이번 워크샵의 주제는 "밀레니얼 세대를 위한 발레 교육법"으로서 보다 양질의 맞춤형 교육을 제공하기 위한 발전적 방향을 모색하는 자리였다고 하겠다. 본 주제 회의에 앞서 지난 학기 겸임교수들이 본인의 수업에 있어서 가장 중요하게 고려했던 부분들에 대해 각자의 생각을 공유하는 시간이 선행되었다. 이는 한 학기 동안의 수업을 되돌아보고 부족했던 부분과 보완해야 할 부분을 정리하는 시간이기도 했는데, 개인적으로는 무엇보다 타성에 젖지 않도록 다시 한번 마음을 고쳐 잡는 계기로서 의미가 있었다.

본 주제와 관련해서는 먼저 밀레니얼 세대에 대한 교수님의 설명이 있었고, 이어서 우리가 왜 밀레니얼 세대에 대해 관심을 갖고, 공부해야 하는지에 대한 세미나가 진행되었다. 이는 교육의 주체와 교육의 내용 외에도 교육의 대상에 대한 관심이라는 점에서 혁신적인 접근이라 하겠다. 부언하면 밀레니얼 세대라 함은 사전적으로 1982년부터 2000년 사이에 태어난 신세대를 일컫는 말인데, 교수님께서 제시하신 목표는 우선 우리가 밀레니얼 세대의 기성세대와의 차별성을 인지해야 한다는 것이었다. 이는 교육이 일방적인 전달이 아닌 양방향의 커뮤니케이션이라는 점을 전제로 하는데, 수용자에 관계없이 획일적인 전달식 교육이 관습화되어 있는 현재의 교육 시스템에 있어 하나의 신선한 시사점을 제시한다고 하겠다. 참석자들은 밀레니얼 세대를 위한 교육논문을 간단하게 리뷰하고 이어진 토론에 임했다.

이 과정에서 다양한 개념에 대한 고찰이 있었는데, 그 가운데 특히, 우리는 SLOW & SIMPLE로 대변되는 새로운 관점에 주목할 필요가 있다. 급변하는 사회 속에서 속도와 양에 몰두하는 기존의 패러다임을 극복하기 위해서는 보다 양질의 건강한 교육 패러다임이 절실히 필요하다고 하겠다. 이를 발레 교육에 적용하여 생각한다면 기존의 입시와 콩쿨 위주의 발레 교육도 이제는 진정 사람을 위한 교육으로 탈바꿈되어야 한다는 것이다.

발레, 나아가 무용이 과연 누구를 위한 것이 되어야 하는가 하는 근본적 물음은

테크닉과 기능 위주의 발레 교육에 대해 우리의 반성을 촉구한다. 무엇보다 모든
교육이 사람을 위한, 사람을 살리는 교육이 되어야 함은 이론의 여지가 없다. 이를
위해 교육 대상자인 밀레니얼 세대에 대해 보다 정확하게 파악하고 이들을 위한
새로운 교육 방법을 연구하는 것은 교육자로서 우리 모두의 의무라 할 수 있다.

지금까지 성장 위주의 양적 가치에 집중했다면 이제는 진정 질적인 가치를 되새길
때가 아닌가 생각하며, 이제 이를 위해 발레 교육에 있어서 우리 지도자들이
앞장서야 할 때라 생각한다.

2017. 08. 24.
서고은 (제 10회 참여자)

이번 워크숍에서 인상 깊었던 것은 국선도의 움직임이었다. 워크숍을 시작하면서
우리나라 전통 심신 수련법 중의 하나인 '국선도' 행공의 준비, 정리 운동을 따라해
보았다. 나는 워크숍에 참여할 당시 몸이 많이 예민한 상태여서 작은 움직임에도
피로를 많이 느꼈기 때문에 완벽하게 움직이지는 못했다. 국선도의 움직임은 몸의
부분 부분을 천천히 체계적으로 자극시켰다. 연결 동작들은 태권도처럼 절도 있는
동작이 아니라 물 흐르듯이 자연스러웠다.

나는 국선도의 움직임이 요가의 움직임 혹은 맨손체조의 움직임과 유사하며,
훈련을 반복하다보면 체력이 많이 길러질 것 같다는 생각을 하게 되었다. 무엇보다
몸에 힘을 많이 주지 않으면서 자연스럽게 움직였다는 점이 중요하다고 생각되었다.

발레에 국선도의 운동방법을 똑같이 도입하는 것은 무리가 있을지 모른다. 하지만
학습자에게 움직이기 전 호흡, 동작에 대한 지시, 사용하는 몸의 부분을 천천히
반복적으로 인식하게 한다면 불가능한 일이 아닐 것이라고 생각한다.

학생들을 가르치다 보면 손, 팔, 어깨의 움직임이 어색한 학생들을 많이 보게
된다. 그런 학생들은 어김없이 손가락에 힘을 많이 주고 손목과 팔에 힘이 없으며 양
어깨의 높이가 달랐다. 골반과 척추도 틀어져 있으며, 심한 경우에는 다리의
길이도 달랐다. 나는 오른쪽 방향만 주로 사용하는 바레이션 때문에 몸의 변형이

일어났을 것이라고 생각하고 있었다. 그런데, 부전공 학생들마저 몸이 틀어져 있는 것을 보고 과도한 테크닉으로 인한 몸의 변형이 아닐지도 모른다는 생각을 하게 되었다. 발레 실기시험을 참관하다가 Barre를 잡고 있는 학생의 모습을 보고 놀라지 않을 수 없었다. 내 수업에서 어색한 손 모양을 하던 학생이 그 손 모양으로 Barre를 잡고 있었고, Barre에 매달리듯 어깨를 짓누르면서 발레 동작을 수행하고 있었다. 학생은 180도 턴 아웃을 하겠다고 Barre 바깥쪽 골반은 사선뒤쪽으로 돌려놓고, Barre 쪽의 골반은 힘을 주어 턴 아웃의 상태를 유지하려고 안간힘을 쓰고 있었다. Barre 쪽 골반은 아래로 무너져 있었고, 갈비뼈와 어깨도 함께 주저앉아 있었다.

　이것이 무엇을 의미하는 것일까… 발레에서 필수라고 생각되어지는 Barre가 과연 발레 동작을 수행하는 데 도움을 주고 있는 것일까 아니면 몸의 변형을 일으키는 것일까 발레에 필요한 근력을 꼭 Barre만을 통해서 기를 수 있는 것일까.. 정말 변화가 필요한 시점이며 생각해 볼 문제라고 생각한다.

2018. 08. 15.
이영＊(제 17회 참여자)

Moving Unconsciously

드디어 '갓츠겐 운도' 보따리를 풀었다. 학습자들이, 특히 우리 발레 선생님들이 어떻게 받아들일지가 매우 궁금했으며, 한편 염려가 되었다.

자신의 '몸의 소리'에 자신의 몸을 실어 움직이는 체험을 하게 된 것이다.

생각을 내려놓아야 한다. 그렇다고 '무념(無念)'은 아니다. 그냥 무의식적으로 움직여야 한다. 오직 자신의 몸의 소리에 몸을 맡겨야 한다.

다음은 상호 운동이다. 상대방을 느끼며 상대방과 함께 자신의 무의식 운동에 빠진다. 스스로의 움직임으로 스스로를 치료하고 있다. 수업이 끝난 후 모두가 다 환한 표정이다.

2019. 04. 15.
김경희 (제 19회 교수자)

"Get back to the Basics"
"기교가 아니다. 기본이다!"

콩쿨 예선 심사를 위한 Center-Barre 동작을 생각하였다.

지난 3년 동안 그토록 기본에 충실해야 한다고 거의 울부짖다시피 하였지만, 신입생들의 틀어진 척추, 모두가 다 그렇지는 않지만 튀어나온 엄지발가락, 심지어는 발목에서 뼛조각이 돌아다닌다고 고통을 호소하는 학생들을 보면 너무 마음이 아파 견딜 수가 없다.

오직 길은 하나다. "우리 신체 원리에 따라 기본으로 돌아갈 수밖에 없다!"

그래야 발레 부상을 줄이고 발레 수행능력을 증진시킬 수 있다.

2019. 05. 07.
김경희 (제 20회 교수자)

처음 접해보는 생소한 경험 촉각에 집중하다.

평소에 운동을 좋아하고 직업상 손기술이 필요해서 몸을 많이 사용하는 편이긴 하지만, 내 몸을 온전히 느껴보고 들여다본다는 생각은 못했었다. 그러나 발레 전공인 여자친구의 권유로 워크샵에 참여하게 되었다. 이번 워크샵을 통해 갓츠겐 운도(Mutual Katsugen Undo)에 대해서 설명을 듣고 직접 체험할 수 있는 기회를 가질 수 있었다.

시각을 배제한 채 파트너와 서로의 촉각에 의지해서 몸의 움직임에 집중해보는 시간이 나에게는 다소 생소한 개념이었지만, 촉각(피부 감각)에 집중하고 피부가 숨을 쉬는 것에 대해서 생각해보는 것이 흥미로웠다. 또한 상대방과 움직임을 통해서 교감하는 것에 집중을 하니 말로 표현하는 것과 다른 무언가가 느껴졌다.

나이가 들수록 몸이 익숙해진 자세나 움직임만 추구하게 되면서 몸이 경직되는 느낌이 있었는데, 이번 갓츠겐 운도(Mutual Katsugen Undo)를 통해서 내 몸을 들여다보고, 내가 아닌 내 몸(굳이 표현하자면)이 무엇을 원하는지 들어보는 시간의 필요성을 느낄 수 있었다.

앞으로도 종종 눈을 감고 몸에 집중하는 시간을 갖고자 하며 이를 통해 몸의 소리에 관심을 갖고자 한다.

2019. 06. 19.
강＊＊(제 22회 참여자)

표현의 공간에서 이해와 소통의 공간으로 변화된 무용실

"사회 내에서 일어난 난파를 막기 위해서 예술가는 지금 상아탑에서 사회의 관제탑으로 이동하는 경향을 보여주고 있다."

M. McLuhan(1964) Understanding Media

이것은 내가 문화예술교육자가 되고 난 후 가장 좋아하는 글귀며, 나의 정체성이며, 내가 무용을 전공하지 않은 학생들과 함께 학교 교실에 있는 이유다. 하지만 늘 나의 생각의 끝자락에는 '상아탑으로 상징되는 대학의 현재 무용교육에서 정말 사회 내에서 일어난 난파를 막는 것에 도움을 줄 수 있는 예술가들이 얼마나 배출될 수 있을까?' 하는 의문이 있었다. 내가 경험한 대학에서의 무용교육은 어떻게 하면 무대에서 춤을 잘 출 수 있을까? 하는 공연을 위한 무용교육이었다. 완벽한 춤동작을 위한 끊임없는 훈련과 연습은 쉴 새 없이 이어져갔고, 공연이 끝난 뒤의 허무함은 너무 큰 상실감으로 이어져 왔다. 그리고 어느 날, 나의 몸과 마음을 혹사시키는 무용을 포기하게 되었고 무용학과의 상징인 무용실에서 나란 존재는 잊혀져갔다. 그로부터 10년쯤 지난 "SOMATIC BALLET PEDAGOGY WORKSHOP"이 있던 날, 난 다시 대학 무용실에 있었다. 나의 입꼬리는 올라가 있었고 설렘과 두근거림에 기뻤다. 무용실은 몸을 훈련하는 연습실이 아닌 몸을 통해 느끼고, 생각하고, 깨닫게 하는 교육의 공간이었다.

이번 "SOMATIC BALLET PEDAGOGY WORKSHOP"은, National Dance Education Organization (NDEO: 전국 무용교육 연합회)와 International Somatic Movement Education/ Therapy Association(ISMETA: 국제 소매틱 움직임 교육/치료학회)가 공동주최한 뉴욕에서 열린 Emerging Pathways within Somatic Movement and Dance Education 행사에 참가하셨던 김경희 교수님께서 그곳에서 인상 깊었던 활동을 나누는 자리였다. 나는 이번 워크숍에서 있었던 활동과 느낌을 나누고자 한다.

첫 번째 활동에서 참가자 모두는 간단한 동작으로 연결된 왈츠 동작을 공유하고, 두 명씩 파트너를 정해서 A는 왈츠를 추고 B는 A를 있는 그대로 관찰한다. 그리고 파트너를 바꿔서 같은 활동을 한다. 이후 두 사람은 상대방에게 자신이 본 것을 그대로 말해주는데, 이때 우리는 "서로를 평가하지 않는다." 있는 그대로 상대방의 움직임에 대해 말한다. 그리고나서 두 사람은 함께 춤추는데 A가 앞에서 왈츠를 추고 B는 A를 그림자처럼 그대로 따라 춘다. 그 후 A와 B는 역할을 바꿔서 춤을 춘다.

나의 파트너인 김 선생님은 움직임 선이 길고 바르다. 그녀의 춤에는 쉼표와 마침표가 있었고 여유와 품위가 있었다. 평소 잘 모르고 지냈던 김 선생님의 춤은 차분하고 친절한 전화 목소리, 배려 담긴 카톡 메시지와 오묘하게 일치된다. 난 춤으로 그녀의 성격을 확인할 수 있었고 알 수 있었다. 그녀가 나를 관찰했던 내용은 즐겁게 춤을 추는 모습과 다소 찌그러진 몸통의 움직임, 벌어진 손가락의 모습이었다. '아! 맞아!' 잊고 있었지만 내 춤은 그랬다. 기분이 좋아져 흥분할수록 내 몸은 더 틀어지고 손가락은 더 벌어졌었다. 다시금 내가 고치고 싶던 나의 습관이 떠올랐다. 나도 김 선생님처럼 품위가 느껴지게 춤을 추고 싶었다. 그림자처럼 그녀의 춤을 따라 출 때에는 나도 모르게 몸을 바르게 하고 선도 길게 추기 위해 노력했다. 그런데 선생님의 움직임을 따라 추다보니 음악의 리듬과 박자가 새롭게 들리기 시작했다. 그것은 내가 방금 전 춤출 때 들었던 그 느낌이 아니었다. 경쾌한 듯 했지만 은근히 웅장하고 느리고 여유로웠다. 김 선생님의 춤이 안정적이며 여유가 느껴졌던 것은 그녀가 그녀의 성격처럼 차분히 음악을 듣고 음악을 해석하여 리듬과 박자에 맞게 춤을 추었기 때문이 아닐까 하는 생각이 들었다. 나는 즐겁게 흥분된 감정을 정리하고 음악에 집중하여 리듬에 맞추어 바르게 춤추기 위해 노력했다.

이 활동에서 난 그녀에게 평가받거나 지적받지 않았다. 나는 그녀의 움직임을 관찰했고 느꼈다. 그것은 상대방을 이해하고 나를 되돌아보게 하였고 자연스럽게 반성과 성찰이 내면에서 이루어지게 했다. 이것은 매우 단순한 활동이지만 내 스스로 움직임에 대한 능동적인 변화를 만들어 갈 수 있도록 내적인 동기를 가져다주는 젠틀한 교수법이었다. 이 활동에서 난 움직임의 질을 향상시키는 목적 외에 다양한 무용교육의 가치들을 발견할 수 있었다.

첫째, '상대방의 춤을 판단하지 않고 있는 그대로 관찰하는 작업'은 학생들에게 움직임 이미지를 객관적으로 바라볼 수 있게 하는 예리한 '관찰의 눈'을 갖게 한다. 이러한 '관찰의 눈'은 세상의 보이는 현상에 대해 편견에 사로잡히지 않으면서도 주관을 잃지 않도록 하여 나만의 시선을 만들어갈 수 있도록 한다. 또한 이러한 움직임 이미지를 관찰하는 눈은 학생들의 삶 속에서 타인의 행동을 읽고 그 의미를 찾아 낼 수 있도록 하는 인간 행위에 대한 리터러시를 성장시켜 타인과의 원활한 소통을 이룰 수 있는 기초능력을 만들어 준다.

둘째, '반대로 상대로부터 있는 그대로의 나의 움직임에 대해 들어보는 작업'은 타자와 내가 다름을 인정하고 그 사람의 인식, 태도, 입장을 이해하고 받아들이는 공감 능력을 갖게 한다. 또한 이것은 학생들이 자신의 움직임을 객관적으로 되돌아볼 수 있도록 하여 나에게 어떠한 문제가 있는지 스스로 발견하고 수정할 수 있는 반성적 사고를 기를 수 있도록 한다.

셋째, '타인을 따라 그대로 춤추는 작업'은 타인의 움직임에서 자신의 문제를 해결하기 위해 필요한 정보를 수집, 선별하여 구성할 수 있는 정보수집 및 활용 능력을 신장시킬 수 있고 정보를 분석하여 판단하는 비판적 사고를 기를 수 있도록 한다. 이러한 과정에서 학생들은 살아가면서 마주하는 다양한 문제들을 스스로 해결할 수 있는 문제 해결 능력을 신장시킬 수 있다.

기억에 남는 두 번째 활동은 5명이 한 팀이 되어 가로로 길게 한 줄로 선다. 모두의 얼굴은 앞을 바라보고 말하지 않는다. 규칙은 5명 중 2명의 위치가 항상 낮게 있어야 하고 3명의 위치는 높게 있어야 한다. 오직 서로의 눈치를 살피며 온몸의 감각으로 2 : 3 을 만들어가는 활동이다.

기다린다. 기다린다. 내려갈까? 아 저기 내려가는 사람이 있네. 아 기다려야지. 저 사람이 올라오고 있으니깐 이번에 내가 내려가면 되나? 아! 저분이 또 내려가시네. 이번엔 내가 내려가 봐야지. (옆에 교수님이 내려가실 듯 말 듯 움찔거리신다.) 아 교수님도 상황을 계속 살피고 계시구나. 교수님도 나랑 같은 소심한 성격이신가? 다른 사람의 마음을 살피고 계신 거겠지? 시원시원하게 '모두가 다 나에게 맞춰라!' 하는 성격은 아니시네. 다른 사람들도 엄청 움찔거리는 것을 보면 우리 팀은 서로 양보하고 맞추는 성격인가보다. 그런데 다른 분들도 키득키득 웃고 있는 것 같은데 말은 안 해도 지금 이 상황이 모두 다 나처럼 재미있나 보다. 모두 다 서로를 위해 배려하고 있는데 그럼 내가 한번 아무 때나 내려가 볼까? 내가 내려가면 밑에 있는 사람이 알아서 일어나 주려나? 서 있는 사람만 맞춰주는 것이 아닌 아래에 있는 사람들도 서 있는 사람을 신경 쓰고 있을까? 한번 내려가 봐야지. 밑에 계신 분

일어나세요! 저 내려갑니다!

　5명 중 맨 왼쪽에 서 있던 나는 모든 신경과 눈이 모두 오른쪽으로 몰리는 것 같고 아팠지만, 그 상황이 너무 재미있었고 즐거웠다. 서로가 말하지 않았고 접촉하지 않았지만 그 시간 동안 우리는 서로의 몸을 느끼고 이해하고 읽어내며 몸으로 즐겁게 수다를 떨고 있었다. 나는 이 간단한 활동을 하면서 상대방의 미묘한 움직임을 통해 그들의 생각과 마음을 읽어낼 수 있었다. 그러한 과정 가운데 존중, 배려, 이해, 공감, 소통, 믿음, 책임의 키워드들이 차례대로 떠올랐다. 재미있는 것은 이러한 키워드들이 인간이 살아가면서 지켜야 할 도리, 바람직한 행동기준인 도덕과 연관된 것임을 발견할 수 있었다. 학교 도덕 교육과정에서는 나와 타자에 대한 존중, 배려, 이해, 공감, 소통, 믿음, 책임과 연관된 역량들을 함양시키기 위해 교과서에 제시된 상황 글을 읽고 토론하면서 몇 학기에 걸쳐 배워나갈 수 있도록 계획되어 있다. 하지만 이러한 가치는 책을 통한 지식으로 배운다고 해서 진정한 앎이 이루어지는 것이 아니다. 어떠한 경험을 통해 체험되고 내면화되었을 때 그러한 역량들은 함양되고 삶 속에서 실천될 수 있다. 이 같은 '몸을 통한 의사소통'의 체험은 자연스럽게 이러한 가치들을 학생들의 삶속에 내면화 시킬 수 있게 한다. 이러한 과정 속에서 학생들은 자신의 욕구나 감정을 조절하고 이겨낼 수 있는 자기존중 및 관리능력, 타인과 더불어 살아갈 수 있는 도덕적 사고 능력, 자신 및 타인의 감정을 인식하고 배려할 수 있는 도덕적 정서 능력, 자신이 속한 다양한 공동체의 구성원으로서의 소속감을 갖고 살아갈 수 있는 도덕적 공동체 의식 등을 함께 함양해 나갈 수 있다.

　나는 위와 같은 활동을 하며 몇 가지의 흥미로운 공통점들을 발견할 수 있었다.

　첫째로, 두 가지 활동 모두 교수학습방법에서 '학습자 중심의 능동적 학습'이 이루어지고 있었다. 이것은 교사가 일방적으로 지시하고 학생들이 그것을 수동적으로 받아들이며 이루어지는 학습이 아니라, 학생들 스스로 자신의 문제를 능동적으로 해결해가는 과정 가운데 느끼고 생각하고 발견해가면서 학습이 이루어진다. 이 활동에서 교사는 학생들의 능동성과 자기 주도성이 이루어질 수 있는

'학습자 중심'의 학습 환경을 구축해 주고, 학습자들이 '능동적 활동의 과정' 속에서 다양한 역량들을 성장해 나갈 수 있도록 안내지의 역할을 한다. 이러한 교수학습방법은 과정과 결과를 모두 중시하는 교육이다. 이러한 활동은 학생들에게 내적으로 끊임없이 '인지적 사고 과정'을 경험하도록 하는데 이것은 신체 움직임의 질적 성장이라는 심동적 영역뿐 아니라, 인지적, 정의적 측면까지의 교육이 다양하게 이뤄질 수 있도록 한다. 앞서 활동을 하면서 발견한 반성적 사고 역량, 비판적 사고 역량, 문제해결 능력에 관한 역량 및 존중, 배려, 이해, 공감, 소통, 믿음, 책임 등의 가치들은 무용교육의 다양한 목표를 보여주는 예이다. 이러한 교수학습방법은 무용교육을 더욱 다양한 영역과 대상에게 이루어지도록 하며 무용교육의 범위를 확장시켜 나갈 수 있다.

두 번째는, 두 가지 활동 모두 '표현중심'이 아닌 '이해중심'의 활동이라는 것이다. 두 활동은 '타인과의 관계 속'에서 이루어지는 것을 볼 수 있는데, 다른 이들의 움직임을 보고 그것을 읽고 해석해 나가며 타인을 이해하고 나의 움직임을 변화시켜가는 과정에서 다양한 교육적 가치들이 실현되는 활동들이었다. 이것은 표현중심에서 이해중심으로 이동하고 있는 인문학의 패러다임과 맞물려 있는 것을 볼 수 있다. 인간 중심, 이성 중심, 주체 중심의 모더니즘에서 교육은 각자 타고난 개성과 잠재력을 밖으로 노출시켜 성장하는 것이라 보았으며, 예술교육은 자아실현, 독창성, 창의성과 같은 감정과 정서의 엘리트 의식에 근거한 '표현중심'의 교육이 중시되었다. 그러나 인간을 자연의 일부로 보고 자연과 끊임없이 상호작용한다는 포스트모더니즘으로 이동하면서 인간은 항상 주변과 상호작용하는 사회적 존재로 보았고, 예술 또한 자신만이 가진 독특한 표현이기보다 사회, 문화 속에서 짜깁기된 텍스트들로 보았다. 때문에 예술가가 얼마나 잘 표현하는지, 얼마나 훌륭한 테크닉과 기법을 독창적으로 사용하였는지 살피기보다, 예술가가 사회 문화적 환경 안에서 자신의 의미를 어떻게 구성해 나갔는지, 작품을 통해 예술가의 삶의 방식 혹은 의미체계가 무엇인지 이해하고 해석하는 중심으로 이동하고 있다. 때문에 아서 단토 (2004)는 자신의 책에서 '예술의 종말 이후'에 대해 이야기하였고, 미술에서도 개념미술이라는 영역이 발생하게 된 것이다. 이러한 패러다임의 이동이 성균관대 무용실에서 실천되는 것을 보니 무척 흥미로웠다.

사실 예술을 통한 삶의 이해, 자신이 만든 작품과 다른 사람들이 만든 작품과의 관련성에 대한 이해 등 예술을 이해하고 해석하는 '이해중심'교육은 무용교육의 가치를 확대시키고 새로운 기회의 장을 열어주고 있다. 우리나라에서 이루어지고 있는 '문화예술교육'이란 용어는 실기 중심, 공연중심, 순수 예술 중심으로 예술의 가치를 편협하게 바라본 시선과 차별을 두고자 새롭게 만들어진 용어로서 문화 안에서의 예술로 이해하고 실천하려는 관점의 교육이다. 이것은 예술을 즐기고 향유함으로 타인을 이해하고 공감하고 소통하며 세상을 보는 시야를 확장시키는 교육으로 개인적 차원을 넘어 사회적 차원으로서의 교육을 이루려 한다. 인간의 본능적인 행동인 움직임을 바탕으로 표현되는 무용은 표면적으로 보았을 때 신체활동이 중요하게 보이나, 몸의 움직임은 내면적 사상을 외면으로 표현한 것이기 때문에 몸과 마음이 함께 이뤄지는 예술로 보아야 한다. 때문에 움직임을 이해한다는 것은 그 사람의 정신과 마음의 사고체계를 이해하고 그 사람이 속한 사회와 문화를 이해하는 것이며, 몸의 움직임은 그 사람의 삶과 그가 속한 세상을 바라볼 수 있는 소통의 창이 된다. 때문에 몸의 움직임을 통해 그 사람의 마음과 생각, 삶을 읽고 이해하는 무용교육은 인간관계에서 이해, 공감, 소통의 부재로 일어나는 '학교폭력', '왕따', '청소년 가출', '가족의 무너짐'과 같은 다양한 사회적 문제들을 예비하고 교도소나 소년원의 범죄인들을 교화시키는 역할 등을 담당할 수 있다. 또한 21세기 문화 다양성 시대에 서로 다른 문화를 이해하고 공감하고 소통하며 서로 다름을 인정하고 공존할 수 있는 다문화 교육이 가능하게 한다.

몸을 통한 활동들은 우리가 생각했던 것보다 더 넓고 다양한 교육적 가치와 효과를 지니고 있다. 기존 대학의 표현중심 무용교육은 엘리트를 성장시키기 위한 교육으로 무용교육을 협소하게 바라본 시각이었다. 우리의 시선이 이해중심의 무용 교육까지 확장되었을 때 그리고 실기 교육에 있어서도 '학습자 중심의 교육', '과정과 결과중심의 교육'으로 확장되었을 때 학생들은 더 넓은 무용교육의 가치들을 경험할 수 있고 다양한 진로의 확대가 이뤄질 수 있을 것이다. 또한 이러한 무용교육이 실천되는 21세기의 무용수는 예술창작자인 안무가의 삶과 문화를 향유자에게 보여주는 소통의 창인 매개자의 역할을 담당해야 한다. 이러한 매개자의 움직임은 단순한 테크닉과 기법의 표현을 넘어 창작자의 삶과 그의 의미가 담긴 움직임을 향유자에게 전해주는 매우 중요하고 책임감 있는 위치에 서야 할 것이다. 사람들은 무용수의 움직임을 통해 타인을 만나고 세상을 만나며 다양한 삶을 간접적으로 살아갈 수 있게 된다.

그동안 기능 중심의 실기 교육과 전문 무용수를 중심으로 다소 편협하게 이루어지던 대학의 무용교육을 보며 늘 아쉬움이 있던 나는 이번 워크숍을 통해 '학습자 중심의 교육', '과정과 결과 중심의 교육', '이해 중심 교육'에 관심을 갖는 대학의 모습에 적지 않은 충격과 반가운 경험을 하게 되었다. 1963년에 이화여자대학교에서 무용학과가 설립된 후 대학의 무용교육은 반백년이 흘렀지만 그때의 무용교육과 지금의 무용 교육의 패러다임에는 얼마나 큰 변화가 있을까? 21세기가 원하는 인재상과 핵심능력들이 빠르게 변해가고 있는 상황에서 상아탑이라 불리는 대학의 무용교육은 과연 어떠한 성장이 이루어지고 있을까? 무용학과가 폐지되고 무용을 하는 학생 수가 점점 줄어가는 현 시대에, 한편에서는 사회 내에서 일어난 난파를 막기 위해 상아탑에 있는 예술가들을 필요로 하고 있다. 이러한 아이러니한 상황에서 대학 무용교육은 어떠한 변화가 이루어져야 할지 생각해보아야 할 것이다.

2019. 09. 16.
문화예술교육자 채주희 (제 24회 참여자)

'Inside Muscles' & 'Core Muscles'

이번 워크숍은 코로나 19로 인해 'Inside Muscles' & 'Core Muscles'를 주제로 온라인 강의로 진행되었다. 70분 정도 진행된 강의는 발레를 하는 데에 있어 중요한 근육에 대해 잘 정리된 교과서 같았다.

많은 사람들은 발레 전공자들의 몸이 말랐기 때문에 sternum이나 scapula가 튀어나왔다고 오해한다. 심지어 그런 모습을 부러워하기도 한다. 하지만 이는 골격이 제 위치를 벗어났기 때문에 생기는 현상이다. 강연 말씀 중에 'skeleton도 너무 말랐지만 scapula가 튀어나오지 않았다'고 하셨다. 재미있지만 한 번에 모든 것이 이해가 되는 대목이었다. 아기들의 몸을 생각해보면 sternum이나 scapula가 튀어나와 있지 않다. 심지어 자는 아이의 호흡을 보면 배가 볼록하게 올라갔다 내려갔다를 반복한다. 우리에게는 호흡을 제대로 하는 것조차 쉽지 않다. 후천적으로 생긴 잘못된 움직임 패턴들로 인해 Mother Nature's Way와 멀어져 간다. 하지만 의식적인 노력으로 인해 이를 극복할 수 있다.

특히 이번 워크샵에서 매우 흥미로웠던 점은 Inside Muscles과 Core Muscles이 다르다는 점이다. 지금까지는 막연하게나마 Inside Muscles은 골격과 제일 가까운 곳에서 몸을 지탱해주는 근육이고, Core Muscles은 몸통을 중심으로 가장 깊은 곳의 근육이라 생각했다. 강의 내용에 나온 Inside Muscles과 Core Muscles에 해당하는 근육들을 찾아보고 정리하는 과정에서, 대부분의 문헌 역시 Inside Muscles과 Core Muscles를 동일하게 보고 있음을 발견하였다.

이번 온라인 강의는 몸을 움직이는 데 중요한 Inside Muscles과 Core Muscles의 개념과 차이를 제대로 정리해보고, 또 하나의 새로운 것을 알았다는 기쁨과 감사의 시간이었다.

2020. 04. 06.
김윤수 (제 29회 참여자)

'Inside Muscles' & 'Core Muscles'

어느 분야든 그 분야의 관용적인 용어나 표현들이 있게 마련이다. 한때 나는 야구를 종종 보곤 했는데, 방송 해설자들이 어느 투수의 공이 무겁다거나 누구는 공은 빠르지만 가볍기 때문에 성적이 좋지 않다는 등의 표현을 쓰는 것을 보고

의아했다. 공이 무겁다는 것은 도대체 무슨 얘기인가. 기본적인 상식을 가진 사람이라면 이 말이 이상하게 들리는 것은 당연하다. 최근에는 이러한 표현이 눈에 띄게 줄었는데, 그만큼 그쪽 분야도 과거보다는 뭔가 과학적이고 실증적인 체계가 정립되고 있다는 인상을 받는다.

수년간 발레를 전공해 온 사람이라면 누구나 듣는 말의 레퍼토리가 있다. 안쪽 근육 내지는 속 근육을 사용하라. 턴아웃에 집중하라. 우리 모두는 이런 말들을 질리도록 들어왔다. 그렇다면 똑같은 질문을 할 수 있다. 안쪽 근육을 사용한다는 것은 도대체 무슨 얘기인가. 어린 학생들은 이를 어떻게 받아들여야 하는가. 인체를 공부하는 의사나 생리학자라면 이 말을 어떻게 생각할까.

무언가를 말로 단순 명확하게 설명할 수 없다면 정확히 아는 것이 아니라는 말은 많은 것을 느끼게 한다. 우리는 제대로 알지 못하면서 너무나 많은 것들에 대해서 안다고 착각을 하고 있지 않은가. 심지어 십수년을 공부해 온 발레에 관해서도 그런 부분이 적지 않다는 사실에 놀라게 된다. 안쪽 근육이 도대체 어떤 근육이고 이 근육을 어떻게 움직여야 하는지, 그것을 사용한다는 것이 발레 동작을 하는 데 있어 어떤 이로움을 주는지, 또한 그것을 단련하기 위해서는 어떻게 해야 하는지에 대해 설명할 수 있을 때 동작에 관한 온전한 교육이 이루어질 수 있지 않을까.

이번 강의는 나 역시 학부 시절부터 교수님께 익히 배웠던 내용이었음에도 무척 새롭게 다가온다. 무용이 과학이 될 필요도 없고, 또 그래서도 안되겠지만 무언가를 깊이 있게 이해하고 그 원리를 파악하고자 하는 것이 반드시 필요하다는 것을 부정할 사람은 없다. 만일 그것을 연구/학문이라 부를 수 있다면 그것은 대학에서 마땅히 행해져야 할 과업인 것이다. 그리고 그것을 보편적인 언어로 학생들에게 전달하는 것은 바로 교육자들의 몫이다.

2020. 04. 11.
서고은 (제 29회 참여자)

몸에 대해 들여다보기 전에는 알지 못했다. 그저 내 몸에 문제가 있다고 생각하였고, 선천적인 문제라고만 생각했다. 어릴적부터 테크닉 위주의 코멘트를 받아왔기 때문에 신체를 들여다볼 생각조차 하지 못했다.

그러한 나에게 학부 때 접했던 소매틱 발레는 낯설고 어색하기만 했다.

다리를 많이 들고, 턴아웃을 많이 하고, 많이 돌고 뛰라는 코멘트가 더 친숙했다.

하지만 소매틱 발레를 알게 되며 몸에 대한 관심이 생겼고, 신체 정렬에 대해 생각하다 보니 바르게 춤을 추는 것에 대한 중요성을 크게 깨달았다.

많이 돌고 뛰며, 다리를 많이 들고 싶다면 내 몸의 구조와 정렬부터 이해를 해야만 했다. 소매틱 발레 페다고지 워크샵을 들으면서 내가 발레를 한 오랜 시간 동안 생겼던 궁금증과 해결하지 못했던 문제들의 원인을 찾아갈 수 있었다.

가장 중요한 점은 가르치는 학생들의 몸에서 그동안 보이지 않았던 것들이 보이기 시작한 것이다.

과거의 나처럼 현재의 많은 발레 전공생들이 신체에 대한 인지가 매우 부족한 상태로 춤을 추고 있다. 그저 많이 돌고 싶어하고 원리도 모른 채 턴아웃을 많이 하고 싶어 할 뿐만 아니라 몸이 다 삐뚤어진 채로 나에게 중심이 잡히지 않는다고 고민을 털어놓는다.

정말 기본적인 신체 중심점조차 모르며 춤을 추고 있었다.

매우 안타까웠고, 많은 것을 알려주고 싶었다.

그랬기 때문에 소매틱 발레에 더욱 관심을 가질 수밖에 없었다.

지도자로서 학생들이 우선적으로 신체를 정확하게 알고 사용해 건강하게 춤을 출 수 있도록 지도해야 한다는 책임감이 많이 생겼다.

2020년도 김경희 교수님의 페다고지 워크샵에 실제로 참여하고 직접 가르침을 받으면서 몸소 많이 느꼈고, 많이 배웠다. 더 나아가서 내가 느낀 것들을 학생들에게 어떻게 전하고 가르쳐줄 수 있을지 계속해서 연구해야 한다는 생각이 들게 된 소중한 시간이었다.

2020. 08. 20.
김채원 (제 29회~38회 On-Line 수업 제작 참여자)

소매틱 관련 기사 출처: 「춤과 사람들」

• Somatics 연구협회, ISMETA 소개 −김세용(2015, 08)

• Somatic Ballet (소매틱 발레) −김경희(2016, 07)

•2016년 제 4회 대한무용/동작심리치료학회 국제 워크샵을 다녀와서 −김윤수(2016, 08)

• 체득(體得)의 시간: 갓츠겐 운도(활원운동) −김경희(2018, 11)

• 몸의 소리를 따라 마음의 소리를 나누게 된 시간 −양영은(2019, 05)

• Emerging Pathways within Somatic Movement and Dance Education

   − 소매틱 움직임과 무용교육 안에서 새로이 떠오르는 진로 −김경희(2019, 08)

• 소매틱 무용 학회 및 공연 축제 −김세용(2019, 08)

• 대안적 무용 수업 소매틱 발레 페다고지 −김재리(2019, 10)

• 한학기 '온라인(On-Line)' 수업을 마치고,

   − 잠식되어가는 공감 인지 능력 −김경희(2020, 08)

movement의 가치와 중요성을 전달하면서 전문 직업장을 확장해 나간다. RSME/T가 되기 위해서는, ISMETA에 등록된 Training Programs 이수로 자격증을 받거나 혹은 RSME/T로부터 개인지도를 받아 ISMETA의 등록 요건을 충족시키는 방법이 있다. 교육

과 150시간의 지도경험을 입증한다면, 앞으로 보다 많은 CMA출신의 RSME/T 가 배출되어 국내 "Somatics" 의 발전에 이바지 할 것으로 기대된다.

학생들의 능력과 신체구조는 다양하다. 개인의 문화적 배경 또한

Somatics 연구협회, ISMETA 소개

글 김세용 (Rutgers University 강사, Lustig Dance Theatre 단원)

미국 뉴저지 주립 Rutgers University와 뉴욕 무용수전문교육스튜디오 Peridance Capezio Center에서 발레를 강의하고 있는 나는 학생들의 창의적 표현 개발, 신체에 대한 자각, 공간과 에너지의 개념, 안전성과 건강에 대한 인식을 증진시키기

위해, 교육자로서 발레메서드 이외에도 움직임의 기본 원리를 더욱 공부해야겠다는 필요성을 느꼈다. 동작의 기본원리를 바탕으로 한 수업을 찾던 중, Martha Eddy가 고안한 BMD™ (BodyMind Dancing)을 경험하게 되었고 이 수업을 계기로 "Somatics" 에 대해 관심을 가지게 되었다.

Somatic는 그리스어 "Somatikos" 에서 유래된, "신체안으로부터 인식, 경험되어지는" 이라는 의미의 용어이다. "Somatics" 는 몸과 정신간 연계성을 찾아가는 신체 자각에 대한 학문적 연구로서 Thomas Hanna에 의해 명명, 발전되었으며, 이후 Bonnie B. Cohen 은 운동감각(Kinesthetic), 즉 움직이는 몸에 관한 모든 학문을 "Somatics" 로 일컬었다. 그리고 Somatics분야의 종사자(practitioner)들이 전문협회를 창설한 것이 ISMETA (International Somatic Movement Education & Therapy Association)이다.

ISMETA는 1988년 미국 캘리포니아에서 심리학자인 Jim Spira

에 의해 IMTA (International Movement Therapy Association)로 설립되었다. 이 협회는 이사회, 자문 위원회, 법률적 행정, 비영리 단체, 전문적 연구 저널의 권리들이 형성되어 가면서 더욱 발전하였다. Jim Spira는 IMTA를 통해 Somatic movement를 사회에 널리 알리면서 이것이 Massage나 Chiropractic 같은 다른 움직임 치료법들과의 차별성을 입증하고자 노력하였고, 종사자들 간의 network를 구축함으로써 정보를 서로 공유할 뿐 아니라 직업장의 확장을 도모하였다. IMTA는 3대 회장 (1993 – 1998) Sara K. Vogeler는 협회의 명칭을 ISMETA로 변경시켰으며, 현재는 Princeton University와 University of Limerick와 Body–Mind Centering®에서 미국 프로그램 감독으로 종사한 바 있고, Center for Body Mind Movement의 감독을 맡고 있는 Mark Taylor가 회장을 맡고 있다.

ISMETA의 중심 분야, Somatic movement의 목적은 움직임의 인식을 통해 인간의 기능을 높이고 몸과 마음의 조합을 이루

는 것이다. ISMETA 에 등록된 RSME/ T(Registered Somatic Movement Educator/Therapist) 들은 서로의 정보를 교류하고 그들의 법적 권리를 보호받으며 사회 각 기관에 Somatic

[우측 칼럼 부분 가려짐] The Healthy ... ce Education ... 올바른 실천이

... Alexander ... Center for ... ynamic Em– ... odied Asa– ..., Integrated ... e of Move– ... matic Stud– ... odywork and ... ven Institute ... g, ORIGINS: ... raining, So– ...cs Institute, ... Institute, The ... t Integration ... 관한 보다 자

37

는 학생, 어린나이에 '무지외반증' 까지, 그리고는 발바닥의 'Arch(아치)' 가 다 무너져 있질 않는가! 무릎은 안으로 말려있고 발바닥만 동서(East West)로 향한, 절대로 해서는 안 되는 괴기한 Turn-Out. 척추측만이 관찰되는 학생도 있었으며, 목이에는 '거북이 목' 이라고 부르던가? 얼굴은 또 어떤가? 비대칭이 기본이었다. 물론, 모든 사람들이 어느 정도 비대칭이라고는 하지만, 발레를 전공하는 학생들이 이러면 안 되는 거였다.

나는 그때부터 내가 그동안 습득했던 모든 지식과 경험을 학생들에게 쏟아 붓기 시작하였다. 소매틱 움직임 교육/치료, 해부학, 동작분석법, 라바노테이션까지도 모두 동원시켰으며, 이해가 되지 않는 부분은 다시 책을 보고 연구하였고, 그래도 모르겠으면 우리 학과 해부학선생님께 여쭤보고, 함께 논의하면서 학생들 개개인이 가진, 혹은 일반적인 문제들을 해결해 나가는 방법을 모색하며, 학생들을 재교육 시켜나갔다.

그 후, 몇 달이 지나고... 점진적으로 아주 조금씩 학생들에게 변하기

'Somatic Ballet' 는 'Somatics' 에 기초하여 발레를 지도하는 학습과정이다. 즉, '인간 신체연구(Studies of living human body)' 를 기본으로 발레를 지도하고자 한다. 이는, 내적인 신체자각(internal physical perception)을 강조함으로써 효율적으로 발레의 기능과 표현력을 증진시키고자함을 목적으로 한다. 사실, 이 역시 완전히 새로운 학습 프로그램은 아니다. 왜냐하면 이미 오래전부터 올바른 발레 교육을 위한 좋은 서적과 연구논문이 발표되어 왔다. 문제는 현장에서 이러한 연구들을 적극적으로 활용하고 있지 않다는 점이다.

얼마 전, 무용잡지에서 로열발레단의 어느 남성발레무용수가 심하게 부상을 당한 후, 재활하면서 기본부터 다시 다지기 시작했다고 한다. 왜 처음 배울 때부터 기본에 충실하지 않고, 부상을 당한 후에 기본을 생각하는 것일까?

아마도 발레 교육자들은 'Somatic Ballet' 의 일부 학습내용을 이미

Somatic Ballet
(소매틱 발레)

글 김경희 (성균관대학교 무용학과 교수, Ph.D. , CMA, RSME/T)

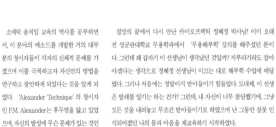

소매틱 움직임 교육의 역사를 공부하면서, 이 분야의 메소드를 개발한 거의 대부분의 창시자들이 각자의 신체적 문제를 가졌으며 이를 극복하고자 자신만의 방법을 연구하고 창안하게 되었다는 것을 알게 되었다. 'Alexander Technique' 의 창시자인 F.M. Alexander는 후두염을 앓고 있었으며, 자신의 발성에 무슨 문제가 있는 것인가를 탐구하면서 자신의 테크닉을 개발하였다. 'Feldenkrais Method' 의 창시자인 M. Feldenkrais는 무릎 부상으로 수술 받고, 그 후유증으로 잘 걸을 수조차 없게 되자 신체연구에 빠져들게 되었다. 뿐만 아니라, 'Ideokinesis' 를 개발한 M.E. Todd는 허리 부상으로 전신이 마비되어 다시는 걸을 수 없을 것이라는 의사의 진단을 받았으며, 'Trager 요법' 을 개발한 M. Trager는 선천적 척추 기형을 안고 살아야했다. 이렇게 소매틱 분야의 많은 프로그램 개발자들은 자신의 신체적 혹은, 정신적 고통을 해결하고자 인간의 신체와 움직임을 탐구하였던 것이다.

나는 3년 반 전에 오른쪽 고관절을 절단해내고 '인공 고관절 전치환술' 이라는 끔찍한 수술을 받았다. 지긋지긋한 통증으로부터 벗어나고자 한 결단이었지만, 수술 후 일 년이 지나도록 절뚝거리면서 나는 점점 절망의 늪으로 빠져들어 갔다. 아무리 재활운동을 열심히 하였지만 오른쪽과 왼쪽 다리길이는 맞지 않고 1번 포지션을 하고는 제대로 서 있을 수도 없었다. 어떻게 이런 상태로 학생들에게 발레를 제대로 가르칠 수 있단 말인가?

절망의 끝에서 다시 만난 카이로프랙틱 정혜정 박사님! 이미 오래 전 성균관대학교 무용학과에서 '무용해부학' 강의를 해주셨던 분이다. 그런데 왜 갑자기 이 선생님이 생각났던 것일까? 지푸라기라도 잡아야겠다는 생각으로 정혜정 선생님이 이끄는 대로 해부학 수업에 매달렸다. 그러나 처음에는 정말이지 받아들이기 힘들었다. 도대체, 이 선생은 발레를 알기는 하는 건가? 그런데, 내 자신이 너무 참담했기에, 그냥 모든 것을 내려놓고 무조건 받아들이기로 하였으며 난 그동안 잘못 인식되어졌던 나의 몸과 마음을 재교육하기 시작하였다.

그 후, 나는 'Body Mind Dancing™' 교사 자격증을 이수하고자 뉴욕으로 갔으며, 그곳에서 Martha Eddy 선생님을 만나 'Experiential Anatomy' 와 'Developmental Movement' 그리고 Somatic Movement Therapy 과정을 밟아 BMD™교사 자격을 받았다. 이후에, 'Somatic Anatomy', 'Somatic Hands-On' 워크샵 수업을 들으면서 일정의 'Case Study Practice' 를 마치고 ISMETA(International Somatic Movement Education & Therapy Association)등록 소매틱 움직임 교육자/치료사(RSME/T)자격증까지 받고 학교로 복귀하였다.

연구년을 마치고 다시 마주친 학생들... 스스로를 치유하고자 시작했던 공부였지만, 내 앞에서 발레를 하고 있는 학생들을 보니 정말이지 마음이 아파서 견딜 수가 없었다. 신입생부터 무릎이 아프다고 앉아있는 학생들, 발목이 아프다고, 허리가 아프다고, 골반이 아프다고, 목이 아프다고... 나는 학생들의 자세를, 그리고 몸을 또 다른 관점, 즉 소매틱의 관점에서 자세히 관찰하였다.

우선, 발레슈즈를 다 벗기고 발가락을 보기 시작하였다. 모두가 다 엉망이었다. 발가락을 오므리지도 못하는 학생, 심지어 쫙 펴지도 못하

며 내 호흡에 집중해 보았다. 그랬더니 신기하게도 호흡을 할 때 마다 등이 바닥을 누르고, 갈비뼈가 옆으로 벌어지는 것을 느낄 수 있었다. 평소에 내가 했던 호흡과는 많이 달랐지만, 오히려 편안함이 느껴졌다. 그리고 나서 각자 경험한 것에 대해 참가자들이 서로 공유하는 시간을 가졌는데, 참가자들 역시 나처럼 자신이 기존에 해오던 호흡과는 달랐기 때문에 힘들었다고 말한 것이 기억에 남는다.

이렇게 오전 일정이 끝나고 오후에는, 오전에 했던 호흡과 함께 Spinal 움직임을 하였고, 다음에는 움직임 즉, 배꼽 중심에서 말초 신경 끝까지의 연결성을 느끼는 Navel Radiation(단전 방사)으로 먼저 마사 선생의 시범과 함께 설명을 들었다. 이 움직임은 3차원적 호흡으로 들숨과 날숨을 통해, 몸을 웅크리고 확장하는 것을 반복하는데 이 호흡을 할 때는 배꼽과 연결되는 사지포함 머리, 꼬리뼈 까지 6개의 연결성을 느끼면서 호흡을 하였고, 이 역시 참가자들 각자 움직여 보면서 자신의 몸을 느껴보았다. 여기까지가 엄마 자궁(태반)에서 움직임이었고 세 번째 움직임부터는 최초의 생성과정을 pushing(밀어내기)과 reaching(뻗기)동

나를 다시 일으켜 세우셨다. 그리고 선생과 손바닥을 맞대고 서서, 좀 전에 바닥에서 했던 동작을 해보는 색다른 방법을 시도하셨다. 그리고 다시 바닥에서 좀 전에 했던 동작들을 해보았는데, 이전과 다르게 훨씬 수월하게 할 수 있었다. 나의 고착화된 움직임 습관(pattening)이 변화하여 새로운 움직임 형태(repattening)로 바뀐 것이다. 나는 마사 에디 선생을 보면서 지도가 어려운 학생이라도 포기하지 말고, 인내심을 가지고 수업을 진행해야 한다는 사실을 다시금 깨달았다.

이 후, 우리는 소매틱 티칭 도구(Somatic Tools)중 게임과 음악을 활용하여, 팔과 다리의 push와 reach를 이용한 빠르게 기어가기 게임도 하고, 음악에 맞춰 지금까지 한 움직임을 자유롭고 창의적으로 표현해보았다. 건강한 모습의 남자 선생님들도, 나이가 드신 선생님들도 나이와 성별의 구분 없이 모두 음악에 맞춰 각자 몸에 집중하며, 지금까지 배운 것을 몸으로 정리하는 시간이었기에 특별한 경험이었다.

26일(일) 이틀 연속 아기의 움직임을 시도했던 참가자들은 몸 여러 곳이 아프고 멍이 들었다며 고통을 호소했지만, 그래도 밝은 표정으로 조금

2016년 제 4회 대한무용/동작심리치료학회
국제 워크샵을 다녀와서

글 김윤수(성균관대학교 강사)

올해로 4번째 개최되는 대한무용/동작심리치료학회(KSDMP) 국제 워크샵이 "신경발달적 움직임과 춤의 교육적 및 치료적 적용"을 주제로, 지난 6월 24일부터 26일까지 3일간 성균관대학교 무용실에서 진행되었다.

요즘 들어 건강하게 춤을 추는 것에 관심이 많던 나는 자연스럽게 소매틱 움직임에 대해 공부를 하게 되었고, 그토록 뵙고 싶었던 마사 에디 선생님을 한국에서 뵐 수 있단 생각에 큰 기대를 가졌다.

이번 워크샵에서는 Body Mind Dancing(BMD)과 Dynamic Embodment(DE) 창시자인 마사 에디(Martha Eddy, CMA, RSMT Ed.D.)선생이 강의를 해주셨고, 통역은 현, 뉴욕주립대학 스토니브룩의 대 박사후 과정에 재학 중인 심민정 선생이 수고해주셨다. 마사 에디 선생은 소매틱 움직임의 선구자라 할 수 있는 엠가드 바티니에프(Irmgard Bartenieff)와 보니 베인브릿지 코헨(Bonnie Bainbridge Cohen)에게 움직임 원리를 배우고, 같이 작업을 한 소매틱 움직임 교육자다. 이번 워크샵에서 주목할 만 한 점은, 일반적으로 무용관련 학회에는 무용

에 관련된 분들이 다수를 차지하는 것과는 달리 무용인뿐만 아니라 예술치료사, 심리 치료사등 움직임에 관심있는 분들을 만나 볼 수 있었다. 6월 24일(금) 오전 10시부터 학회장이신 서울여자대학교 김나영 선생의 인사와 강연자인 마사 에디 선생 소개를 시작으로 첫째 날 오전 일정이 시작되었다. 마사 에디는 이 워크샵에서 BF와 BMC 두 기법에서 공통적으로 다루고 있는 아기들의 발달단계에 대해서 알아보고, 학교에서 아이들의 집중력 향상을 위한 움직임을 체험해볼 것이라고 말씀하셨다. 본격적인 수업에 들어가서, 마사 에디 선생은 BF와 BMC에 제시하는 움직임 발달과정을 2가지 예를 들어 직접 보여 주셨다. 그리고 그 두 움직임의 같은 점과 다른 점에 대해 토의 한 후, 움직임의 첫 단계인 호흡을 3D영상으로 보았다. 영상 속에서 호흡은 위 아래로, 양 옆으로, 앞 뒤로 내호흡, 외호흡을 하면서 점차적으로 각 몸속 장기들이 생겨나는 것을 확인할 수 있었다. 그리고 나서 마사 에디 선생은 참가자들에게, 벽에 기대거나 옆 사람과 등을 맞대거나 혹은 각자 바닥에 누워 본인의 호흡을 느껴보게 하셨다. 나는 바닥에 누워, 3D영상을 떠올리

La Paz Theater

정체협회의 교육 내용 중 하나가 갓츄겐 운도, 즉 활원운동(活元運動)이며, 이는 정체협회의 대표적 교육 프로그램인 것이다. 이렇게 알게 된 갓츄겐 운도를 마츠바야시 선생을 만나 배우게 되었다.

처음 수련장에 들어서는 순간, 그 충격은 잊을 수가 없다. 티끌하나 없이 깨끗하게 정돈된 수련장! 나는 어떻게 하면 이렇게 깨끗할 수가 있느냐고 물었다. 선생님은 "이렇게 해야 나쁜 기운이 들어오지 못한

체득(體得)의 시간
: 갓츄겐 운도(활원운동)

글/김경희 (성균관대학교 교수)

나는 지금 '방문학자 (?) 라는 직함으로 일본 메이지대학교에 와있다. 성균관대학교 무용학과와 메이지대학교의 정보통신학과는 약 4년 전부터 MOU를 체결하여 일 년에 두 번씩 학술 교류 세미나를 하고 있다. 3월 초에는 메이지대학교의 연구생들이 성균관대학교를, 12월 초에는 성균관대학교 무용학과 석박사 연구생들이 메이지대학교를 방문하여 각자의 연구를 발표하며, 학술교류뿐 아니라 문화 교류 행사도 포함하고 있다. 그런 연유로 나는 마지막 남은 연구 학기를 이곳 메이지대학교에서 학술 교류와 '하고 싶은 연구'를 하고자 일본행을 결정하였다. 사실 나는 '방문학자' 라는 직함이 아니더라도, 일본의 심신훈련법 중의 하나인 '갓츄겐 운도'를 꼭, 일본에서 체험하고 싶었다. 마샤에다는 그녀의 책 『Mindful Movement』 (2016)에서 BodyMind Centering®(BMC)의 개발자인 Bonnie B. Cohen이 일본의 'Katsugen Undo' 의 영향을 받았고(p.85), 일본에는 갓츄겐 운도 이외에 '소타이(Sotai)' 라는 것이 있는(p.95), 등 서양의 몇몇 소매틱 프로그램과 유사한 일본의 소매틱 프로그램들에 대해 기술하고 있다.

그런데 'Sotai' 는, 내가 알기로는, 'Seitai' 를 잘못 표기한 것이 아닐까? 라는 생각도 들고, 'Sotai' 는 또 다른 것일까? 라는 생각도 들었다. 도무지 알 길은 없고 궁금증은 시간이 지나갈수록 증폭되어 갔다. 나는 이러한 궁금한 점을 메이지대학교의 하레루마 교수에게 전했고, 그녀는 나에게 한 사이트를 알려주었다. 그것은 http://www.seitai.org 였다. 온통 일본말이라 알 수는 없었지만 기초적 한문 실력(?)으로 겨우 중요한 단어들은 이해할 수 있었다.

'Seitai' 는 '정체(整体)' 라는 일본어이고, '공인사단법인 정체협회(整体協会)' 는 하루치카 노구치(1911-1976)에 의해 설립되었다. 몸을 정돈 하자는 목표로 생명의 자발성에 입각한 생활을 주장하고 있다.

하루치카 노구치

몸의 소리를 따라 마음의 소리를 나누게 된 시간

참여자의 회고 (양영은 Certified Teacher of Somatic Ballet®)

이번 워크샵은 일본의 갓츠겐 운도(Katsugen Undo)를 체득해보는 시간이었다. "무의식적인 움직임을 통해 의식적인 움직임을 개선하기" 라는 워크샵의 주제는 그 자리에 모인 다수의 발레 그리고 현대무용 교수자들을 차분하면서도 집중된 분위기로 이끌었다. 먼저 각자의 "무의식 움직임" 에 다가가기 위해 갓츠겐 운도의 준비운동을 수행해보며 자신의 몸의 소리에 귀 기울여보았다. 생각과 마음을 비우고 몸이 가는대로 움직이는 것 몸의 흐름에 움직임을 맡기도록 하기 위해 말이다. 사실 수년간 전통적 발레훈련에 익숙한 나는 나의 몸의 소리를 어떻게 들어야하는지 알지못했다. 어쩌면 그렇기 때문에 이 시간을 통해 진심으로 나의 몸에게 자신의 이야기를 할 수 있는 기회를 주고 싶었는지도 모르겠다.

워크샵은 스스로 자신의 몸의 소리에 집중해보는 시간, 그리고 파트너와 함께 서로의 몸의 소리를 나누는 시간으로 나뉘어 진행되었다. 나

숨어있던 나의 마음의 소리가 터져나왔다. 파트너에게 기대 의지하던 나의 몸은 갑자기 발을 동동 구르고 있었고, 깍지를 낀 팔은 이쪽저쪽으로 뻗어내고 있었다. 이 발의 굴림과 팔의 뻗음은 고통의 분출이자 무언가에 대한 갈구였다. 평소 이성적인 나는 그동안 감춰놓았던 마음의 고통 그리고 안식에 대한 갈망을 몸을 통해 토해내고 있었다. 이것은 혼자 몸의 소리를 탐색할때나 방금 전 파트너의 등에 손을 대고 움직임을 교류할 때와는 다른 것이었다. 이것은 주체할 수 없이 터져나오는 그래서 통제불가능한 감정의 울려 퍼짐이었다. 긴 시간은 아니었지만 막을 수 없었던 발굴림과 팔뻗음은 어느새 온순해졌다. 양팔은 한없이 부드럽게 양옆으로 열렸고, 몸통은 부드럽게 좌우로 웨이브를 탔다. 그러자 목이 꺽이며 머리가 뒤로 젖혀졌다. 나의 입은 갑자기 반복적으로 찢어지듯 벌어졌다 그러다 그렇게 벌어진 입을 통해 무거운 낮숨이 툭 뱉어졌다. 나

제 19회 SOMATIC BALLET® PEDAGOGY WORKSHOP

Workshop 개요

일 시: 2019년 4월 13일 (토) 오전 9:00 – 12:00
장 소: 성균관대학교 수선관 62201 무용실
지도자: 김경희
대 상: 12 CSBTs(Certified Somatic Ballet Teachers)&4 Contemporary dancers/teachers (총 16명)
Theme: Katsugen Undo (갓츠겐 운도: 活元運動)
Goal: To keep the body in good condition
Objective: To activate extra-pyramidal movement through moving unconsciously

Contents

Preparatory Exercises: 몸속의 오래된 나쁜 기운이 다 나갈 수 있도록 숨을 토해낸다.
Katsugen Undo: 몸이 완전히 편안해 졌을 때 갓츠겐 운도가 저절로, 자연스럽게 시작된다.
Mutual Katsgen Undo (상호 갓츠겐 운도): 두 사람의 상호 움직임으로 몸의 민감성을 높인다.

Moving Unconsciously

지도자의 회고 (김경희)

드디어 '갓츠겐 운도' 보따리를 풀었다. 학습자들이 특히 우리 발레 선생님들이 어떻게 받아들일지가 매우 궁금했으며, 한편 염려가 되었다. 자신의 '몸의 소리' 에 자신의 몸을 실어 움직이는 체험을 하게 된 것이다.

생각을 내려놓아야 한다. 그렇다고 '무념(無念)' 은 아니다. 그냥 무의식적으로 움직여야 한다. 오직 자신의 몸의 소리에 몸을 맡겨야 한다.

다음은 상호 운동이다. 상대방을 느끼며 상대방과 함께 자신의 무의식 운동에 빠진다. 스스로의 움직임으로 스스로를 치료하고 있다.

수업이 끝난 후 모두가 다 환한 표정이다.

사실 나는 Bill Evans를 1992년 여름, 그러니까 27년 전 Dal-las 어느 대학의 워크샵에서 만났다. 학문에 대한 나의 자세를 완전히 바꾼 것도 그의 영향이었다. 그는 그때의 나를 기억하지 못했지만, 나는 성심을 다해 감사의 마음을 전달하고자 하였다.

둘째 날의 첫 수업은 "Shin Somatics "였다. 'Shin Somatics®'는 Sondra Fraleigh가 개발한 Eastwest Somatics의 주요 프로그램 중 하나이다. 나는 서양인이 'shin'을 어떻게 생각하는지가 매우 궁금하였다. 'shin'이 한문으로 '神', 즉 정신, 혼, 마음이라는 것을 인지하고 있는지 그런데 강의자는 'shin'을 중국어, 일본어로 'oneness'를 의미한다고 간단히 설명하고 지나갔다. 나는 'Shin Somatics' 연구자들이 'Shin'을 '몸과 마음의 일체'라 이해하고 있다는 생각이 들었다.

두 번째 수업으로는 Martha Eddy의 'Dynamic Embodiment'였다. 그녀의 화

셋 째날(마지막 날)의 첫 수업으로는 'Spiral Dance'로 시작하였다. 치유(Healing)과 웰빙(Wellbeing)을 위한 '소매틱 근원(Source)'으로서 어떻게 'Spiral Dance'를 적용시키는가에 초점을 두고 있었다.

다음은 Annameri Autere의 "Pile" 수업이었다. "근막(Fascia)를 느끼면서 어떻게 Plié를 하나" 라는 주제로 1시간 진행되었다. A. Autere는 내가 여러 논문을 쓸 때 자주 인용하는 'BalletBody Logic'의 저자이다.

〈저자 A. Autere〉

나는 이번 학회에서 그녀를 만난 것은 대단한 영광이자, 깊은 인연이라 느꼈다. 나의 발레 티칭 방법을 이론적으로 든든하게 입증시켜준 인물이다. 이번 학회에서 얻은 최고의 수확(?)이었다고 할 수 있겠다. 그녀는 내가 초청만 해준다면 언제라도, 자신이 비

〈수업이 끝난 후 A. Autere와 함께〉

업에서 나의
즐거움을 느

면서 지나치
한 채, 수업
게 되었다. 결
'더욱 더' 행
추려고 했던
일정을 마쳤
각된다. 감사

참관기

"Emerging Pathways within Somatic Movement and Dance Education"

– 소매틱 움직임과 무용교육 안에서 새로이 떠오르는 진로 –

참가자/작성자: 김경희 (성균관대학교 무용학과 교수)

National Dance Education Organization(NDEO: 전국 무용교육 연합회)는 이번에 처음으로 International Somatic Movement Education/Therapy Association(ISMETA: 국제 소매틱 움직임 교육/치료 학회)와의 공동 주최로 "Emerging Pathways within Somatic Movement and Dance Education" 라는 특별 주제의 행사를 뉴욕에서 개최하였다. 이 행사를 하기 위해 전 세계적으로 160개 이상의 프로젝트가 접수되었고, 엄격한 심사를 거쳐 91개의 프로그램이 채택되어 3일에 거쳐 워크샵이 진행되었다.

금요일(21일)에 7개 세션(36 클라스), 토요일(22일)에 6개의 세션(31 클라스), 그리고 일요일(23일)에 4개의 세션(24 클라스)이 진행되었다. 각 세션마다 4~6개의 프로그램들이 Gibney Dance Center 여러 개의 스튜디오에서 동시에 진행한다. 참가한 학생들은 저마다 자신이 관심 있는 클라스에 들어가 수업에 임한다.

〈저자 N. Romita & Allegra Romita〉

나는 첫째 날 첫 수업으로 "Functional Awareness"에 참가하였다. 낸시 로미타(N. Romita)와 알레그라 로미타(Allegra Romita) 두 모녀가 가르치는 수업이다. 체화된 해부학 수업으로 어떻게 하면 불필요한 긴장을 풀어 자신의 몸 습관을 재정돈하는지에 초점을 맞추고 있다.

두 번째 수업으로는 "기초 신경학 패턴을 적용한 발레 수업"이다. BF(Bartenieff Fundamentals)와 발달 모형 패턴을 적용한 발레 티칭 방법을 제시하였다.

세 번째 수업은 "BF(Bartenieff Fundamentals)를 적용한 접촉즉흥(Contact Improvisation)"이다. 바르티니에프의 몇 가지 기본원리로 두 사람씩 짝지어 몸통 구르기를 통해 접촉즉흥을 체험하는 시간이었다.

네 번째 수업으로는 "학습부진아(Learning Disabilities)를 위한 Somatic Dance"이다. IONA대학에서 재직하고 있는 Hannah Park(한국명: 박한나)의 수업인데, 그녀는 한국인으로, 동작분석가로서 IONA대학의 무용과 과장이다.

다섯 번째 수업으로는 "Embodying Presence in Technique and Performance" 이다. 요가, 명상, 컨티니엄(Continuum)을 통합한 B. Simoa의 수업으로, 함께하는 움직임으로 "책임감을 공유하는(share the responsibility)" 매우 특별한 경험이었다.

여섯 번째 수업으로는 "몸의 렌즈를 통해 자연과 소통하고, 자연의 렌즈를 통해 몸을 경험하기"이다. 몸을 통해 자연을 느끼고, 자연을 느끼면서 몸으로 체험하는, 서양인으로서는 매우 특별한 시도였던 것으로 생각된다.

워크샵 첫날의 마지막 수업은 'Bill Evans'의 기조연설이었다. 그는 기조연설의 시작을 약 4분 30초의 탭댄스로 시작하였다. 탭댄스가 끝나고 숨을 고른 후, 그의 강연은 움직임과 함께 하였다. 강연을 듣는 모든 이들도 일어나서 Bill과 함께 '움직임 조화'를 이루고 있었다. 그는 강연을 탭댄스로 끝내었고, 함께한 참가자들은 모두 기립박수로 화답하였다.

〈강연을 마친 후 탭댄스를 추는 B. Evans〉

Dance, Dance Science, Dance Pedagogy, Dance Performance 총 4가지 카테고리로 분류되어 있으며, 이 중 하나를 선택하여 Proposal을 하게 됩니다. Conference Proposal Format 으로는 Paper Presentation/Lecture (30분), Movement Workshop (60분), Round-Table Panel Discussion (75분), Dance Warm-up class (75분) 로 구성되어 있어 본인의 발표주제와 내용에 따라 선택할 수 있습니다. 또한 별도의 지원과 심사를 거쳐 행사의 마지막 날에 주최되는 하이라이트 공연의 안무자로서 참여할 수 있습니다. 공연 소요시간은 Solo 7분, Duet 10분, 군무일 경우 12분으로 제한 규정되어 있습니다. 이 행사와 더불어 일주일 앞서서 진행되는 Dance Teacher

of Rochester) 의 교수 Missy Pfohl Smith 와 시니어 강사인 Rose Pasquarello Beauchamp가 공동으로 진행되었습니다. 전반적인 수업의 내용은 예술이 사회, 정치적 비판 수단의 도구로 어떻게 표현될 수 있는가에 대한 연구였습니다.

Feldenkrais and Dance Technique 수업은 소매틱의 대표적인 The Feldenkrais Method 와 Laban 동작법이 접목된 형태로써 Shin Somatics 의 창시자이자 Dance and the Lived Body 의 저자인 Sondra Fraleigh 와 Suzie Lundgren 에 의해 진행되었습니다.

Creative Ballet Technique 수업은 HWS 대학의 교수이자 The Integrated Movement Studies Certification Program 습니다. 그녀 ...ative Ballet ...1st Century 간략하게 소 지만 고전 발 어 교사들 몸과 공간에 게 대한 내용 반의 Body, 늘발달 뿐 아 Product) 가 이 주입식 훈 역할을 강조 무용학도들의 면서 가까운 ance Festi- e와 Perfor- Proposal 의 트를 참조하 ce.org

소매틱 무용 학회 및 공연 축제
(SOMATIC DANCE CONFERENCE & PERFORMANCE FESTIVAL)

글 김세용 (Western Michigan University 조교수, 동작공인분석가 CMA, 소매틱동작교육가 RSME/T)

필자는 현재 미국 미시간주의 웨스턴 미시간 대학교 (Western Michigan University) 무용학과에 조교수로 재직중에 있으며, 발레 테크닉 수업과 안무법 수업 외에도 Introduction of LMA (Laban Movement Analysis)와 Bartenieff Fundamentals 소매틱에 관련된 수업 또한 진행하고 있습니다. 방학 기간 동안 소매틱에 대한 보다 깊은 연구와 자기계발을 위해 여러가지 학회와 워크샵을 참여하는데, 그 중 매우 유익하게 경험했던 Somatic Dance Conference & Performance Festival 을 한국의 무용학도들에게 지면을 통해 소개합니다.

Somatic Dance Conference & Performance Festival은 연중 행사이며, 매년 7월 중순 수요일부터 일요일까지 5일간 미국 뉴욕주 제네바 (Geneva) 도시에 위치하는 Hobart and William Smith College (이하 HWS) 에서 진행되고 있습니다. 제네바 도시는 뉴욕시 맨하튼에서 북서쪽으로 275 마일 떨어진 곳으로 차로 대략 5시간 소요되는 거리에 위치해 있고, HWS 대학은 1822년부터의 오랜 역사와 전통 그리고 세네카 호수 (Seneca Lake) 근처의 아름다운 Campus를 자랑하고 있습니다. 저는 이런 Campus에서 시간을 보내는 자체가 몸과 마음이 힐링되는 경험을 하게 되었습니다. 행사기간에는 학교 기숙사를 이용하게 되며 숙박과 숙식이 제공되므로 행사를 참여하는데 있어 편안한 분위기가 조성되어 있습니다.

올해 7회를 맞이하는 이 행사는 Evans Laban/Bartenieff-Based Dance Technique 으로 저명한 Bill Evans에 의해 설립되어 현재는 HWS 대학 무용학과 교수인 Cynthia Williams 와 함께 공동 감독하에 운영되고 있습니다. Conference는 Somatics/Somatic

대안적 무용 수업
소매틱 발레 페다고지

글 김재리(드라마투르그)

무용 스튜디오. 이곳에서는 각 장르별로 주어진 동작을 바르게 실행하고 반복과 수정, 또 반복된 연습을 통해서 완벽한 움직임을 구사하도록 요구받는다. 교수자는 학생이 신체적 한계를 넘어 정해진 기준에 도달할 수 있도록 가르치고 학생은 그것을 만족시키기 위해 노력한다. 우리는 이것을 '무용교육'이라고 말해왔다. 이러한 근대식 무용교육의 목적은 잘 훈련된 무용수를 양성하는 것이다. 학생들이 대학 졸업 후에 입단할 수 있는 무용단이 많다면 이런 방식이 어떤 목적에서는 이상적일 수 있지만, 불행하게도 한국에는 그런 단체는 거의 없다. 미국의 레퍼토리 직업 무용단, 유럽 주립/시립극장의 무용단과 같은 시스템은 한국에 없다. 잘 훈련된 무용수는 직업 무용수가 되기보다는 대학교수 무용단의 소속이 되기 십상이다. 따라서 교육 결과물의 수혜자는 누구이며, 대학 무용교육의 궁극적 목적은 무엇인지 질문하지 않을 수 없다.

다행히 최근에는 문화예술교육이 붐을 이루고 있고, 예술의 형식과 방법이 다매체적이고 융합적으로 변화하면서 무용수 훈련을 벗어난 무용교육의 새로운 패러다임이 필요함을 자각하는 듯하다. 또한, 근대식 교육/예술에 대한 비평적인 태도와 새로운 예술 교육의 인식론과 방법론이 요구되고 있다. 이러한 현상에서 우리의 무용교육에 대한 면밀한 분석 및 반성과 더불어 지금까지와는 다른 대안적 무용교육에 대한 논의와 실천이 필요하다.

대안적 교육의 탐색과 실천

2019년 9월 1일 소매틱 발레 연구회(Somatic Ballet Studies)의 제 24회 페다고지 워크숍에서 발레 수업의 대안적 방식이 소개되었다. 이 단체에서는 정기적으로 페다고지 워크숍을 통해 소매틱의 원칙과 원리를 공유하고 수업에서 효과적으로 적용할 수 있는 방법론을 탐색해왔다.

이번 워크숍에서 소개된 페다고지 방법론은 미국의 국립 무용교육 단체(NDEO, National Dance Education Organization)와 국제 소매틱 움직임 교육과 치료협회(ISMETA, The International Somatic Movement Education and Therapy Association)의 공동 기획 포럼 '소매틱 움직임/무용 교육의 새로운 경로(Emerging Pathways within Somatic Movement and Dance Education)'에서 다루었던 내용을 토대로 한다. 워크숍을 진행한 김경희 교수는 소매틱적 방식이 발레 수업을 어떻게 변화시킬 수 있는지, 여기서 발견된 교육적 가치와 기존의 무용 교육과 어떻게 다른지 고민해보자고 제안했다. 이번 수업에서는 발레 전공자들 이외에 문화예술교육자, 타장르 전공자 등이 함께하여 발레와 소매틱에 대한 확장된 관점과 다양한 의견을 나눌 수 있는 기회가 마련되었다.

소매틱 발레 수업: 보기, 발견하기, 나누기

먼저, 참가자들에게 간단한 발레 시퀀스(sequence)가 주어졌다. 하지만 동작을 수행하는 사람이 아닌 관찰하는 사람에게 임무가 부여된다. 수행자가 춤을 추는 동안 관찰자는 파트너의 뒤에서 움직임을 보고, 따라하고, 발견된 것들을 서로 나누는 순서였다. 이때, 교수자는 가이드를 줄 뿐 학습에 관여하지 않는다. 학습의 역동은 동료들의 사이에서 발생하는 것이다. 파트너링을 통해 움직이는 사람은 교육적 동기를 제공하고 관찰하는 사람이 그것으로부터 배운다. 이러한 과정에서 교육의 주체와 대상의 수평적인 관계가 형성된다. 일반적인 무용수업에서 교수자로부터 동작이 주어지고 그것을 관찰하고 평가하는 사람 역시 교수자인 수직적인 수업과는 정반대의 방법이다.

<사진 1> 파트너링, Somatic Ballet Studies

다음으로 다섯 명씩 그룹을 이루어 움직이는 활동이 진행되었다. 움직임의 규칙은 매우 단순한데, 다섯 명이 앞으로 보고 서있는 자세에서 시작하여 세 명이 앉으면 두 명이 서 있는 3:2의 균형을 지속적으로 맞추는 것이다. 서로의 몸은 잘 보이지 않는 상태에서 마치 눈치 게임을 하듯이 누가 앉기를 시작했는지, 또는 서있는지를 알아차려야 하며 동료들의 움직임에 따라 나의 움직임을 결정해야

것의 답노 스스로 찾을 수 있게 한다. 수업의 주제는 교수(교사)가 아니라 학생이 되는 것이다. 또한 춤을 추는 사람이 아닌 춤을 보는 사람도 교육의 대상이 된다. 관찰자는 파트너의 춤을 보며 동작의 특징과 신체적 구조를 분석하거나, 춤의 특질 혹은 심리적인 부분이나 미학적 부분도 피드백한다. 단, 가치 판단은 금지된다. 춤을 추는 사람은 동료로부터 사려 깊은 피드백을 받을 수 있으며, 관찰자 역시 자신이 가진 관찰의 프레임과 지식을 점검할 수 있다. 이러한 학습 참여자들의 역할과 지위의 전이는 기존의 무용교육보다 민주적인 방식을 지향하며, 정해진 하나의 목적과 과제에 모든 몸들을 끼워 맞추는 것이 아닌 개별 몸들에서 발생하는 다양성을 추구한다. 따라서 무용 수업에서 똑같은 춤은 없다. 개별적인 몸과 개인의 특별함, 그리고 관점의 다양함은 무용 수업을 풍부하고 다채롭게 한다.

두 번째 질문은 '소매틱으로 무엇을 할 수 있는가?'이다. 이는 김경희 교수가 수업의 주제로 던진 질문이기도 하다. 20세기 소매틱스가 발전되고 무용의 영역에서 소매틱의 실천과 연구가 전개되고 있지만 여전히 이 질문은 유효하다. 이전의 소매틱스 방법이 개인의 자...

...장과 능력에만 집중했... ...계기를 마련하였으며, 공... ...리 생각과 감각을 나누... ...기회가 되었다.

더더욱 염려스러운 부분은 "요즘은 학생들이 온라인 수업을 더 좋아한데요, 처음엔 말도 안된다고 하더니만..."
이렇게 빨리 적응이 되어도 되는건가?
나 역시, 학생들에게 잔소리를 하지 않아도 되서 많이 편해졌다.
잔소리를 할 겨를이 없다.
수업 내용을 온라인으로 전달하기도 힘들다 !!! 학생들도 마찬가지지?
편한 시간에, 편한 장소에서, 편한 복장으로...
그런데, 이렇게 되면 안되는건데...

아직까지도 나는 연습실에서, 혹은 강의실에서 학생들의 몸과 마음을 살피고, 그들의 기분을 살펴야하는데...
학습태도에 관한 예절교육도 절대 포기할 수 없는 주요 학습 내용 중의 하나인데...

교수자와 학습자 간의 상호관계는 (아쉽지만) 어느 정도 형성되었다고 하자.
그런데, 학습자와 학습자와의 상호관계는 어떻게 되는 건가? 서로 몰라도 되는 건가?

한학기 '온라인(On-Line)' 수업을 마치고,
-잠식되어가는 공감 인지 능력-

글 김경희 (성균관대학교 무용학과 교수)

1학기 개강이 2주 늦춰졌다!
불길한 예감이 들었다. 학교로 부터의 지침은 "모든 수업은 온라인 강의로"
진행할 것을 적극 권유하였다. 그러더니, 예술대학 이론 수업은 '온라인' 으로, 실기수업은 '대책인' 을 내놓으라고 한다.
나는 이론수업도 실기수업과 마찬가지로 "우리(학생들과 교수자)는 만나서, 눈을 마주치고, 함께 호흡을 하며 수업을
해야 한다" 고 고집하였다.

아! ~~~ 예상했던 것보다 더 무섭고 공포스러웠다.
우선, 학생들과 교수진들의 "건강과 안전" 이 최우선이었다.
무조건 온라인 수업이다!!!

기계로부터 언제나 무시당하는 나는 정말이지 앞이 캄캄했다.
벤딩 머신도 뭘 눌러야 하는지 힘들어하는 내가 무엇을 할 수 있단 말인가?
'Webex' 가 뭔지? 'Zoom' 이 뭔지? 온라인 강의를 위한 특강을 들어봐도...
"뭐 깔고, 뭐 깔고... 뭐 누르고, 뭐 누르고..." 난감했다!
나는 그냥 "자체 제작(?)" 이다. 컨텐츠가 있으니 제작은 조교들에게 맡겼다.
촬영해 준 조교와 수업에 임한 조교, 그들이 고생이 많았다.

올해로, 부임한지 30년이 된 나는, 이번 원격 수업만큼 강의 준비를 철저하게 해본 적이 없음을 고백한다.
덕분에, 'Somatic Ballet' 와 'Labanotation' 수업의 영상자료는 남게 되었다. 그러나, 앞으로가 문제이다.

'교육(敎育) 이란?
코로나 사태 이후의 '몸/마음' 관련 수업을 어떻게 해야 하는가?
"전인교육(全人敎育 : holistic education)을 통하여 학생들의 사회 공동체 의식을 함양시키고..." 이러한 교육 철학은
전염병이 창궐하고 있는 시대에는, 그래서 더욱 AI (Artificial Intelligence : 인공지능)가 강조되고 있는 앞으로의 시
대에는 점점 멀어져가는 실현 불가능한 교육 목표가 되어 버린 건가?

소매틱 관련 논문 목록

- "Facilitating the Integration of the LMA/BF in teaching Ballet"

  대한무용학회 논문집(2013), 71(1), 175-193.

- "Pedagogical Inquiry of BodyMind Dancing™"

  대한무용학회 논문집(2015), 73(4), 63-73.

- "소매틱 관점에서의 발레 교수법 연구"

  - Somatic Perspectives on Ballet Pedagogy

    대한무용학회 논문집(2016), 74(5), 17-31.

- "소매틱 움직임 교육/치료를 위한 기본 원리 연구"

  - A Study of Principles for Somatic Movement Education/Therapy

    대한무용학회 논문집(2017), 75(1), 21-36.

- "소매틱 체(현)화 과정을 위한 방법과 도구"

  - A Study of Methods and Tools for Somatic Embodiment Process

    대한무용학회 논문집(2017), 75(4), 1-17.

- "국선도와 갓츠겐 운도에 내재된 소매틱 움직임 특질 비교 연구"

  - A Comparative Study of the Somatic Movement Characteristics between Kouk Sun Do and Katsugen Undo

    무용예술학연구(2019), 75(3), 19-35.

- "LMA에 따른 '기(氣)' 흐름의 운동형식 연구: '쉐이프(Shape)'를 중심으로"

  - Facilitating LMA(Laban Movement Analysis) in shaping the movement of 'Ki' flow: based on "Shape"

    무용예술학연구(2020), 80(4), 31-42.

마음으로 하는
발레 공부

1판 1쇄 인쇄 2021년 7월 9일
1판 1쇄 발행 2021년 7월 16일

지은이 김경희
펴낸이 신동렬
펴낸곳 성균관대학교 출판부
등록 1975년 5월 21일 제1975-9호

주소 03063 서울특별시 종로구 성균관로 25-2
대표전화 02)760-1253~4
팩시밀리 02)762-7452
홈페이지 press.skku.edu

ⓒ 2021, 김경희

ISBN 979-11-5550-477-2 93680

※ 잘못된 책은 구입한 곳에서 교환해드립니다.